DEUTSCHLAND - USA

Die merkwürdigen Geschichten und Erlebnisse eines Auswanderers

D1618851

Jack Young

Dieses Buch wurde herausgegeben von:

BLUEPALM PUBLISHING
NE Miami Gardens Dr - 33179 Miami, FL - USA
info@bluepalmpublishing.com

http://www.jackyoung.us

ISBN 978-1-938488-06-1

Inhaltsverzeichnis

Vorwort

Dieses Buch ist die Geschichte eines Auswanderers, nach Amerika, in der Neuzeit. Also meine Geschichte und die Geschichte meiner Familie.

Ich möchte Ihnen darüber erzählen, was meine Beweggründe waren, diesen Schritt zu tun und wie es uns dabei ergangen ist, insbesondere in einem fremden Land zu leben und welche Erfahrungen wir dort gemacht haben, welche merkwürdigen Geschichten wir erlebt haben und wie kurios manche Begebenheit, im Nachhinein war.

Das Buch ist kein Leitfaden zum Auswandern oder ein Nachschlagwerk, wie man vielleicht erfolgreich in den "Vereinigten Staaten" zurechtkommt. Nein, ganz im Gegenteil, es zeigt alle die Missgeschicke auf, die wir erlebt haben, die Tiefen und Höhen, durch die wir gehen mussten, sowie die unglaublichen Dinge, denen wir, als ehemalige Europäer, in Amerika gegenüberstanden.

Viele Dinge, die wir in diesem Land erlebt haben, sind in Deutschland und Europa unvorstellbar, gehören jedoch meistens zu dem normalen, amerikanischen Alltag. Nichts, was Sie in diesem Buch lesen werden, ist in irgendeiner Weise erfunden oder abgeschrieben. Alle Geschichten, von denen ich hier berichte, haben meine Familie oder ich persönlich erlebt, oder durchgemacht. Keine der Geschichten ist dramaturgisch aufbereitet oder in irgendeiner Weise geschönt oder verändert worden. Sie alle sind so aufgeschrieben worden, wie wir sie tatsächlich erlebt haben. So unglaublich, wie sich auch manche Geschichte anhört.

Dieses Buch soll nicht die Geschichte unseres Lebens lückenlos beschreiben, wie es zum Beispiel eine Autobiografie tun würde, sondern es soll Sie unterhalten, mit all den kuriosen und manchmal komischen Dingen, die wir in der "Neuen Welt" erlebt haben. Es dient eher dazu, Ihnen als Europäer zu zeigen, wie anders diese Welt, noch immer, über dem "großen Teich", ist.

Ich habe dabei versucht, diese Geschichten noch aus dem Blickwinkel zu beschreiben, wie sie von einem Europäer gesehen werden und nicht von jemandem, der schon viele Jahre in diesem Land gelebt hat und für den, viele dieser Geschichten, normaler Alltag bedeuten. Erst die Sicht eines Europäers macht manche dieser Geschichten zu einem Kuriosum.

Lassen Sie sich hier, im nachfolgenden Buch, von mir unterhalten, durch einen Sprung über den "großen Teich", in unserer heutigen Zeit.

Florida, Dezember 2013
Jack Young

4

Kapitel 1
Kindheitstraum

Auswandern!

Warum?

Seit es Menschen auf diesem Globus gibt, träumen einige davon, ihre Heimat zu verlassen. Die Beweggründe, im Laufe der Jahrhunderte, waren sehr unterschiedlich. Manch einen trieb es in die Ferne, um dem wirtschaftlichen Elend zu entkommen. Manch einer wurde durch Kriegsereignisse vertrieben und wiederum andere, wanderten einfach aus, um ein neues Leben, in einer anderen Welt, zu führen. Andere wiederum wurden religiös verfolgt, oder suchten, aufgrund politischer Ereignisse, ein anderes Zuhause.

Besonders in den letzten drei Jahrhunderten gab es große Auswanderungswellen aus Europa, wobei viele dieser Menschen, die "Vereinigten Staaten von Amerika" als Auswanderungsziel hatten. Viele wurden davon getrieben, ein neues, besseres Leben in der "Neuen Welt" zu erhalten, was jedoch nicht immer der Fall war.

Das nachfolgende Buch will jedoch nicht das Elend dieser Menschen beschreiben, sondern beschreibt die Erlebnisse meiner Familie, in der "Neuen Welt" und die kuriosen Geschichten, die sich dort zugetragen haben.

Aufgewachsen im Deutschland der sechziger, siebziger und achtziger Jahre, war Armut oder Elend nicht der Beweggrund unserer Auswanderung. Ehrlich gesagt hatten wir keinen wirklichen Grund, unsere Heimat, für immer, zu verlassen.
Schon von Kindesbeinen an weckten meine Eltern die Reiselust in mir. Wir waren zwar nicht wohlhabend, aber es reichte immer, für einen Urlaub, im Sommer, im Ausland.
Eine der ersten Reisen ging, in einem "VW Käfer", nach Österreich, in die Alpen. Zwei Erwachsene und vier Kinder, in einem winzigen Auto, inklusive Gepäck und Verpflegung. Trotz der Enge, in diesem kleinen Fahrzeug, war es für uns ein Erlebnis, welches sich einprägte.

Wenige Jahre später kauften meine Eltern einen "VW Campingbus", denn nachdem wir etwas größer geworden waren, wurde es unmöglich, sechs Personen in
einem "Käfer" unterzubringen.

Die Schweiz, Österreich, Frankreich, die Niederlande und anderer europäische
Länder standen auf unserem Reiseplan. Diese Erlebnisse weckten in mir, schon
als kleiner Junge, das Fernweh.

Dazu kamen die Erzählungen meines Großvaters, der einige Jahre, als Kriegsgefangener, in den "Vereinigten Staaten" zugebracht hatte. Immer wieder lauschte
ich seinen Erzählungen, von den riesigen Wolkenkratzern, in der "Neuen Welt"
und von seiner Reise, auf einem Schiff, in die "Vereinigten Staaten von Ameri-

ka". Er beschrieb die Freiheitsstatue in "New York", die Hochhäuser der Stadt und das Leben, welches er dort, auf dem Land, als Kriegsgefangener, führte.

Sein Weg führte ihn damals in einen kleinen Ort, in "South Carolina", wo er auf den Baumwollfeldern arbeiten musste. Noch genau erinnere ich mich an die Geschichten, die er mir von dieser Gegend erzählte, ohne zu wissen, dass ich später einmal, genau an dieser Stelle, in diesem kleinen Ort, wohnen würde. Er schwärmte von den riesigen Straßenkreuzern, der unendlich erscheinenden Auswahl an Waren, in den Geschäften, ebenso, wie von der Freundlichkeit der Menschen, die ihm dort, trotz seiner Kriegsgefangenschaft, entgegenbracht, wurde. Er erzählte von einem kleinen Dorf, mit alten Häusern auf den Hügeln, welches nicht weit entfernt war, von der Farm, in den Baumwollfeldern, wo die Kriegsgefangenen untergebracht waren.

Immer wieder beschrieb er mir das Land, über dem "großen Teich", in rosaroten Farben und weckte so mein Interesse dafür.

Bereits als kleiner Junge wälzte ich dicke Atlanten und schaute mir die Länder der "Neuen Welt" an, nicht zu wissen, dass es irgendwann, mal meine Heimat sein würde. Bücher und Bildbände, über Amerika, wurden in dieser Zeit zu meiner Standardliteratur. Als dann, in den sechziger und siebziger Jahren, die ersten Filme aus Amerika, im Fernsehen zu sehen waren, bestärkte es in mir weiterhin den Drang, diese fremde Welt kennenzulernen.

Hinzu kam später die Tatsache, dass wir in einer Stadt wohnten, in der mehr als 40.000 amerikanische Soldaten stationiert waren. Die Wohnviertel dieser Soldaten sahen so ganz anders aus, als das, was wir von zu Hause gewohnt waren. Vier- bis sechsspurige Straßen, welche die Wohnviertel durchzogen, auf denen sich die "Cadillac" und "Lincoln" Straßenkreuzer bewegten, faszinierten mich. Vor fast jedem Haus, war ein Basketballkorb zu sehen, womit die Kinder spielten. Bowlingbahnen, Hamburger Schnellrestaurants, Football- und Baseball-Stadien prägten die Gegend um die Kasernen. An jedem Haus wehte die amerikanische Flagge im Wind und zeigte den Nationalstolz dieses Volkes, ganz anders, wie ich es als Deutscher gelernt hatte, der sich zu dieser Zeit, noch immer für sein Land und dessen Vergangenheit zu schämen hatte.

Immer wieder zog es mich, als Kind, in diese Stadtviertel.

Kapitel 2
Wie alles begann

Viele Jahre sind seitdem vergangen. Mittlerweile habe ich geheiratet und zusammen mit meiner Frau zwei Töchter bekommen.

Trotz vieler Reisen, ins Ausland fand sich jedoch, lange Jahre, keine Gelegenheit die "Vereinigten Staaten", mein Traumland, zu besuchen. Erst eine Reise, in Jahre 1989, mit meiner Frau, in die "Dominikanische Republik", war der entscheidende Auslöser.

Wir hatten unsere beiden Kinder, für diese zwei Wochen, bei den Großeltern zurückgelassen und unternahmen eine Urlaubsreise in den Norden der "Dominikanischen Republik".

An einem Morgen, nachdem wir am Frühstücksbuffet angestanden hatten, suchten wir, mit unseren Tabletts in der Hand, einen freien Tisch, um zu frühstücken. Alle Tische waren bereits durch andere Urlauber belegt. Nur an einem Tisch saß ein älteres Ehepaar, Beide so um die sechzig Jahre alt, an, welchem sich noch zwei freie Sitzplätze befanden. Mit unserem "Schul-Englisch" fragten wir höflich, ob diese beiden Plätze noch frei seien. Die Beiden lächelten uns, mit einem breiten Grinsen an.

„Klar doch, nehmt Platz hier", sagten sie.

Während des Frühstücks kamen wir dann, mit den Beiden, ins Gespräch.

Sie erzählten uns, dass sie griechischer Abstammung seien, aber schon, in zweiter Generation in den "Vereinigten Staaten" lebten. Ihr Wohnsitz sei in der kleinen Stadt "Nashua", im Bundesstaat "New Hampshire".

Die Freundlichkeit und Offenheit, dieser Leute, beeindruckte uns sehr. Die Beiden erzählten frei weg, von ihrem Land und ihrem Leben, als ob wir sie schon Jahre kennen würden.

Immer wieder trafen wir sie, in den folgenden Tagen und setzten uns gerne, mit ihnen an einen Tisch, um zu plaudern. Nach zwei Wochen und unzähligen Stunden, interessanter Gespräche, mit den Beiden, hatten wir schon beinahe den Eindruck, dass wir sie ein ganzes Leben lang kennen würden. Wir waren beeindruckt von der Offenheit dieser Leute und wie sie uns behandelten, als ob wir, seit vielen, vielen Jahren, enge Freunde wären.

Immer wieder sprachen sie davon, dass wir sie doch einmal, in den "Vereinigten Staaten", besuchen sollten. Sie erzählten uns, von ihrem Ferienhaus, am "Lake Winnipesaukee" und ihrem Boot, dass sie dort hatten.

Sie baten uns darum, dass wir sie doch einmal, mit unseren Kindern, besuchen sollten, denn sie selbst hatten weder Kinder noch Enkelkinder. Also tauschten wir unsere Adressen und Telefonnummern aus und blieben, in der kommenden Zeit, in sehr engem Kontakt.

Zurück in Deutschland kam immer wieder das Gespräch auf unsere beiden Bekannten, aus den "USA" und langsam aber sicher, reifte in uns der Entschluss, sie auf unserer nächsten Auslandsreise, zu besuchen.
Der Traum, endlich einmal Amerika zu bereisen, kam nun immer näher. Erst recht deswegen, weil wir nun jemanden dort kannten und das Land deshalb von einer ganz anderen Seite kennenlernen würden. Nicht wie der normale Tourist, der sich eine Sehenswürdigkeit nach der anderen ansehen würde, sondern mit Amerikanern zusammen, die uns ihre Heimat und ihr Leben dort zeigen konnten.

Im Jahr darauf war es dann endlich soweit.
Wir hatten einen Flug nach "New York" gebucht und dort einen Mietwagen reserviert, mit dem wir unsere Freunde in "New Hampshire" besuchen wollten.
Zu diesem Zeitpunkt waren unsere Kinder neun und fünf Jahre alt und wussten eigentlich nicht, was sie erwartete, oder worauf sie sich einließen.
Unsere erste Station, auf dieser Reise, war "New York City". Ganz dem Klischee und unserem Traum folgend, hatten wir einen amerikanischen Straßenkreuzer, einen riesigen weißen "Lincoln Towncar" gemietet. Nun stürzen alle Eindrücke auf uns ein, von denen wir bisher nur gelesen hatten. Staunend standen wir vor den riesigen Wolkenkratzern in "Manhattan". Wir besuchten das "World Trade Center", das "Empire-State-Building", "Chinatown" und den "Broadway".
Das ganze hektische Treiben, in dieser Stadt, die Tausenden von gelben Taxen, die Hektik der Leute, die zu ihren Arbeitsstellen unterwegs waren und das ganze Flair überwältigten uns. Selbst unsere Kinder waren, trotz ihres Alters, davon begeistert.
Wie bei allen, die das erste Mal die "Vereinigten Staaten" besuchen, wurden wir, von den Eindrücken der "Neuen Welt", fast erschlagen.
Die Vielzahl der Einkaufsmöglichkeiten, die billigen Preise und die Auswahl der Waren, weckten förmlich einen Kaufrausch in uns. Turnschuhe, T-Shirts, Jeans, alles wurde eingekauft, als ob wir nicht auch zu Hause diese Gelegenheit hätten, doch bei den Preisen, zu denen man es hier erstehen konnte, konnten wir kaum widerstehen.

Natürlich folgte dann auch noch ein Besuch auf der "Statue of Liberty", der "Freiheitsstatue". Da es zu dieser Zeit Hochsommer war, stand die Hitze förmlich in den Straßen der Stadt und ebenso innerhalb der "Freiheitsstatue". Wir kletterten die Treppen, in der Statue hinauf, bis in deren Kopf und kamen, schweißgebadet, ganz oben an.

Der Blick, welchen wir dann auf die Stadt "New York", mit ihrer modernen Skyline hatten, war überwältigend.

Nie werde ich diesen Moment vergessen.

Ich musste wieder an meinen Großvater denken, der mir damals erzählt hatte, dass er, auf dem Schiff, an dieser "Freiheitsstatue" in "New York" vorbei gefahren war. Alle seine Erzählungen kamen nun wieder, aus meinem Gedächtnis, hervor.

Wie ein Funke, der ein Feuer entzündet, erwachten wieder meine Kindheitsträume in mir.

Endlich war ich dort, wovon ich als kleiner Junge immer geträumt hatte. Das Feuer, welches in diesem Moment, in mir, für dieses Land entfacht wurde, sollte nie wieder erlöschen.

Dass ich irgendwann, hier in diesem Land leben würde und einmal Bürger dieses Landes sein sollte, kam mir, zu diesem Zeitpunkt, noch nicht in den Sinn.

Kapitel 3
"Doggy-Bag"

Unsere weitere Reise führte uns dann nach "Nashua" zu unseren amerikanischen Freunden. Bis dahin hatten wir zwar schon das ein oder andere über Amerika gelesen, doch uns war zu diesem Zeitpunkt nicht klar, welche merkwürdigenden Geschichten uns im Laufe unseres Lebens, hier noch begegnen sollten.

Es war bereits Nachmittag, als wir in "Nashua" eintrafen und unseren Freunden begegneten. Wir wurden herzlichst empfangen, so, als würden sie uns schon, seit unserer Kindheit, kennen. Zwar verstanden unsere Kinder kein Wort, von dem was sie sagten, aber es machte ihnen relativ wenig aus.
Zuerst fragten sie uns: „Ihr sei ja sicher hungrig?"
Was wir natürlich, nach der langen Autofahrt von "New York", die über sechs Stunden gedauert hatte, bejahten. Doch was nun kommen sollte erstaunte uns nicht wenig.
Unsere Freunde machten uns klar, obwohl sie uns bereits für diesen Tag erwartet hatten, dass sie eigentlich gar nichts zum Essen im Haus hatten. Was uns, als Europäer, zu diesem Zeitpunkt noch etwas sonderlich erschien.
„Lasst uns etwas essen gehen", sagte mein Freund "Jim" und wir erwarteten, dass wir, in der nächsten Viertelstunde, in irgendein nahegelegenes Restaurant einkehren würden.

Zu viert machten wir es uns, auf der Rückbank der großen amerikanischen Limousine, bequem und los ging die Fahrt.
Fünf Minuten,
zehn Minuten,
eine Viertelstunde,
eine halbe Stunde
und unser Bekannter machte keine Anstalten irgendwo anzuhalten.

„Das muss ja ein ganz besonderes Restaurant sein, wo wir hingehen", flüsterte ich zu meiner Frau, „wenn wir so lange dafür unterwegs sein müssen."
Nach über einer Stunde Fahrzeit parkten wir endlich vor einem Haus, welches aus dicken Holzstämmen gezimmert war und eher einem "Western-Saloon" glich.

„Das kann unmöglich das Restaurant sein", dachte ich, „wahrscheinlich müssen die nur einmal auf die Toilette, nach der langen Fahrt."

Doch ich hatte mich geirrt, es war doch tatsächlich die Gaststätte, welche unsere Freunde angesteuert hatten.

Kaum hatten wir das Restaurant betreten, sahen wir eine Dame, welche hinter einer Art Stehpult, kurz hinter dem Eingang stand und uns beobachtete, wie wir uns durch die dicke und schwere Holztür stemmten.
„Wie viele Personen?", fragte sie, obwohl sie genau sehen konnte, wie viele wir waren.
„Sechs", sagte mein Freund.
„Bitte nehmen sie hier, auf der Bank, einen Moment Platz und warten sie bitte solange, bis ich einen freien Tisch für sie gefunden habe", antwortete die Dame.
Wir waren verwundert, dass wir nicht einfach das Restaurant betreten konnten und uns an irgendeinen freien Tisch setzen durften. Das Restaurant war fast leer.
Kurze Zeit später kam die Dame zurück und hatte sechs große Speisekarten unter ihren Arm geklemmt.
„Folgen sie mir bitte", sagte sie.

Wir schlängelten uns durch die Stuhlreihen, vorbei an leeren Tischen, bis an einen Tisch, in einer Ecke des Restaurants, welchen wir dann, von der Dame, zugewiesen bekamen. Warum wir ausgerechnet dort sitzen mussten, wurde uns jedoch nicht klar, erst sehr viel später verstanden wir, dass man sich, in Amerika, nicht einfach an einen freien Tisch setzt, sondern geduldig darauf wartet, bis man einen freien Tisch zugewiesen bekommen hat. Dies gilt auch dann, wenn alle Tische im Restaurant unbesetzt sind.

Zu unserem Erstaunen gab es nur Pizza und Hamburger auf der Speisekarte. Eigentlich hatten wir mit etwas ganz anderem gerechnet, nachdem wir über eine Stunde, mit dem Auto, unterwegs gewesen waren, um zu diesem Restaurant zu kommen.

„Die haben hier eine besonders gute Pizza", sagten unsere Bekannten.

„Nun ja, wenn die Pizza so besonders ist, wie sie betonen, war es vielleicht doch die Anreise wert", dachte ich.

Die Bedienung war nicht etwa die gleiche Person, die uns an den Tisch gebracht hatte, sondern jemand ganz anderes. Die Dame, die uns unseren Tisch zugewiesen hatte, schien keine andere Aufgabe zu haben, als hinter ihrem Stehpult auf Gäste zu warten, um diese dann zu einem bestimmten Tisch zu bringen. Trotz, dass ich sie während des ganzen Aufenthaltes im Restaurant beobachtet hatte, konnte ich keine Logik darin erkennen, in welcher Weise sie die Tische auswählte.

Erst Jahre später, als meine Tochter selbst einmal, genau diesen "Job" ausübte, um neben ihrer Schule etwas Geld zu verdienen, erklärte sie mir die Logik. Im Restaurant sind die Tische verschiedenen Bedienungen zugewiesen. Um nun jeder Bedienung gerecht zu werden, werden die Gäste so an den Tischen verteilt, dass jede Bedienung ungefähr die gleiche Personenanzahl während ihrer Schicht erhält, wie auch ihre Kollegen oder Kolleginnen.

Noch, während wir unser Essen auf der Karte aussuchten, nahm die Bedienung unsere Getränkewünsche entgegen und kam, kurz danach, mit einem Tablett zurück, auf dem zwölf Gläser standen. Wir waren zuerst einmal sehr verwundert, denn ich konnte mich nicht daran erinnern, dass wir, alle zusammen, zwölf Getränke bestellt hatten.

Die Bedienung stellte jedem das bestellte Getränk auf den Tisch und daneben ein leeres Glas. Kurz darauf kam sie mit einer großen Kanne, voll mit Wasser und Eiswürfeln, zurück und füllte die restlichen sechs Gläser damit auf.

„Das haben wir doch gar nicht bestellt?", fragten wir.

Dann mussten wir uns erst einmal belehren lassen, dass es in Amerika üblich ist, dass man, in jedem Restaurant, Eiswasser auf den Tisch gestellt bekommt.
Eiswasser gibt es immer!
Im Sommer und im Winter, egal, ob man es will oder nicht.
Nachdem die Getränke gebracht wurden, bestellten wir letztendlich auch unser Essen. Natürlich wählten wir alle die Pizza, denn unsere Freunde hatten ja so davon geschwärmt.
Kurze Zeit später kam die Bedienung dann mit der bestellten Pizza zurück.
Unsere Kinder schauten uns verwundert an und fragen uns, ob das die Pizza sei?
„Ja", gaben wir zur Antwort.
Obwohl der Teig, auf den Tellern, gar nicht wie eine Pizza aussah, eher wie ein riesiger Kuchen. Der Rand der Pizza war mindestens drei Zentimeter hoch und der Boden, nicht gelogen, etwa zwei Zentimeter dick.

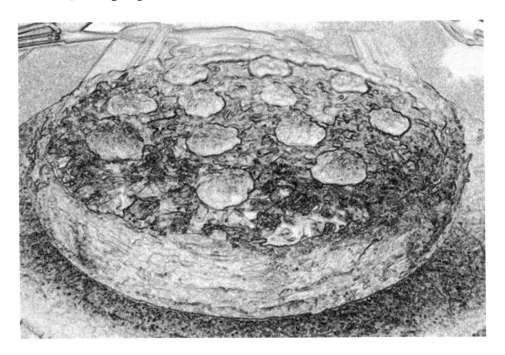

Das Ganze war eher ein Kuchen belegt mit Peperoni, Tomaten und Käse.
Wir ließen uns jedoch nicht anmerken, dass bei uns, zu Hause, die Pizza doch etwas anderes aussah, als dass, was wir hier serviert bekamen.
Deshalb blieb auch bei allen, nach der Mahlzeit, ein Großteil der Pizza übrig, denn kaum einer wollte sich durch diesen dicken "Teig-Berg" essen.

Nach etwa dreißig Minuten war das Essen vorüber.

Die Bedienung kam und fragte: „Would you like a "Doggy-Bag"?", was etwa, wortwörtlich übersetzt, so viel heißt, wie: „Wollen sie die Reste für ihren Hund mit nach Hause nehmen?"

„Doggy-Bag?", schauten wir uns verwundert an.

„Will die uns irgendetwas für den Hund mitgeben?", den unsere Freunde zu Hause gelassen hatten.

Aber woher sollte die Bedienung wissen, dass unsere Freunde einen Hund besitzen? Vielleicht kamen sie öfters hierher und die Bedienung wusste deshalb, dass sie einen Hund hatten? Doch dies war ein relativ kleiner Hund, der eigentlich nur Spezialfutter zu essen bekam, was sollte der mit den riesigen Mengen Pizza anfangen?

Unsere Bekannten nickten eifrig und die Bedienung räumte die halb vollen Pizzateller ab. Wenige Minuten später kam sie, mit vier Styroporkartons, zurück, die sie in eine Plastiktüte verpackt hatte. Erst später wurde uns klar, dass sie darin die Reste unserer Pizza verstaut hatte, damit wir diese mit nach Hause nehmen konnten, jedoch nicht für den Hund, sondern für uns. Um also nicht zu gefräßig zu wirken, spricht man hier von einem "Doggy-Bag", wenn man sein restliches Essen mit nach Hause nehmen will.

Wir waren ziemlich erstaunt.

Seit wann nimmt man denn das Essen mit nach Hause, welches man im Restaurant nicht aufgegessen hat?

Keiner von uns hatte, während des Essens, auch nur an den Eiswassergläsern genippt, denn alle hatten ja ihre eigenen Getränke bestellt. Die Bedienung fand das dann auch gar nicht ungewöhnlich und räumte die vollen Gläser wieder ab.

Als sie anschließend die Rechnung brachte, zahlte mein Freund. Dass der ganze Spaß dann knapp achtzig Dollar kostete, hat uns doch etwas erstaunt und noch mehr in Erstaunen gerieten wir, als mein Freund mit einer hundert Dollar Note bezahlte und den Rest, also zwanzig Dollar, als Trinkgeld liegen ließ.

Zu diesem Zeitpunkt konnten wir noch nicht wissen, dass das Trinkgeld in Amerika etwa 20 bis 25 Prozent der Rechnungssumme beträgt. Erst viele Jahre später begriffen wir, warum die Trinkgelder in Amerika so hoch waren und heute noch sind.

Anders als in Europa bekommt eine Bedienung, in Amerika, nicht ein festes Grundgehalt und kleine Trinkgelder, sondern ganz im Gegenteil, die Bedienung arbeitet zu einem äußerst niedrigen Stundenlohn, der in der Regel ein bis zwei

Dollar beträgt, der Rest des Einkommens muss mit Trinkgeldern verdient werden. Deshalb ist es auch üblich, sobald die Bedienung feststellt, dass man Ausländer ist, einem das Trinkgeld gleich mit auf die Rechnung zu setzen, denn auch in Amerika hat man erkannt, dass die Europäer nur sehr bescheiden sind, wenn es um das Thema Trinkgelder geht. Um nicht für einen Hungerlohn arbeiten zu müssen, wird bei Ausländern automatisch, ungefähr zwanzig Prozent als "Tip" (Trinkgeld) auf die Rechnung aufgerechnet.

Mit diesem Problem haben wir manchmal heute noch zu tun, wenn wir zum Essen ausgehen, sobald eine Bedienung hört, dass ich mich, mit meiner Frau oder unseren Töchtern, in einer fremden Sprache unterhalte, finden wir regelmäßig den "Tip" schon auf der Rechnung mit eingerechnet.

Mit unserem "Doggy-Bag", in der Tasche, machten wir uns dann zurück, auf den einstündigen Weg, zum Hause unserer Freunde.
Unsere ersten Lektionen hatten wir somit, in diesem Land, gelernt.
Mal kurz essen gehen, heißt nicht automatisch schnell um die Ecke ins Restaurant, sondern ist meistens, mit einer Anfahrt von dreißig bis sechzig Minuten verbunden.
Eiswasser gibt es immer, auch wenn man es nicht will.
Zwanzig Prozent Trinkgeld sind üblich und werden schon mal gerne mit eingerechnet.
Ein "Doggy-Bag" ist nichts, wofür man sich schämen muss und nicht für den Hund.

Für uns war die ganze Sache erst einmal, eine dieser merkwürdigen Geschichten, von denen wir im Laufe der nächsten Jahre noch viele Hunderte erleben würden.

Kapitel 4
Das Boot

Am nächsten Tag waren wir zu dem Ferienhaus unserer Freunde unterwegs, dass am "Lake Winnipesaukee" lag. Es war ein typisches, aus Holzbrettern gezimmertes, Ferienhaus, direkt am See. Von der Terrasse aus konnte man direkt in den kleinen Jachthafen sehen. Das Haus und der Jachthafen waren nur durch eine kleine, zweispurige Straße getrennt.

Mein amerikanischer Freund "Jim" deutete mit dem Finger auf den Jachthafen.

„Dort drüben, das ist mein Boot", sagte er, „damit fahren wir heute Mittag raus auf den See."

Natürlich konnte ich das Boot sehen, es lag keine zweihundert Meter von uns entfernt.

Dann begann die Vorbereitung, für unsere kurze Tour, auf dem See.

Mein Freund erklärte mir, dass er noch einmal kurz in den Supermarkt müsse, um etwas Eis zu holen. Ich ging davon aus, dass es sich um eine Packung Speiseeis, für die Kinder, handeln würde. Doch kurze Zeit später kam er mit zwei riesigen Plastikbeuteln, jeder war etwa zwei Kilogramm schwer, gefüllt mit Eiswürfeln zurück.

„Ach diese Art von Eis", dachte ich erstaunt, „ohne das, geht hier wohl gar nichts."

Die vier Kilogramm Eis wurden in einen riesigen Kühler, auf Rädern, hineingeschüttet, um einige Cola-Dosen und einige Flaschen Wasser kühl zu halten. Als Wegzehrung gab es Sandwiches, natürlich auch aus dem Supermarkt. Sie waren bereits fein säuberlich belegt und in Plastikfolie verpackt. Auch diese landeten in dem Kühler mit Eis. Der Kühler hatte zwei Räder und einen großen Bügel, um ihn bequem hinter sich herziehen zu können und gegebenenfalls darauf zu sitzen, um sich auszuruhen.

Das war alles, was wir für unseren kleinen Bootsausflug brauchten, also nichts Weltbewegendes, was eventuell Probleme gemacht hätte, diese kurze Entfernung zum Boot zurückzulegen.

„Seid ihr alle bereit", rief mein Freund, als wir das Haus verließen.

„Ja", riefen wir und begannen, in Richtung Jachthafen, loszulaufen.

„Wo wollt ihr denn hin?", rief er uns zurück.

„Na zum Boot", antworteten wir.

„Aber da laufen wir doch nicht hin", meinte er mit bereits geöffneten Autotüren.

„Fahren wir nicht mit deinem Boot, dort drüben im Jachthafen?", fragte ich.

„Selbstverständlich fahren wir mit meinem Boot", nickte er, „deshalb steigt schon mal ein."

Sprachlos nahmen wir auf der Rückbank, der großen Limousine, Platz. Wir fuhren um die Ecke des Hauses, hielten an der Straße, die vor dem Haus vorbei lief, um die vorüberfahrenden Fahrzeuge passieren zu lassen, überquerten die Straße und parkten das Auto auf der anderen Straßenseite.

„Wir sind da", rief mein Freund freudig.

Wir verstanden die Welt nicht mehr.

„Warum in aller Welt, waren wir jetzt mit dem Auto gefahren?"

Erst Jahre später verstanden wir, welchen Stellenwert das Auto in diesem Land hat. Strecken von dieser Entfernung legt der "normale Amerikaner" nicht zu Fuß zurück, sofern er dazu sein Fahrzeug verwenden kann.

Der Parkplatz, an dem Jachthafen, war voll besetzt mit anderen Autos, wahrscheinlich von all den Bewohnern, die auch gegenüber einem Ferienhaus hatten. Als Erklärung, warum wir nun das Auto benutzt hatten, um diese kurze Strecke zurückzulegen, wurde uns dann erzählt, es sei einfach sicherer, mit dem Wagen die zweispurige Straße zu überqueren, als zu Fuß, wobei wir wussten, dass es sich hierbei nur eine Ausrede handelte, denn kein Amerikaner legt mehr als zweihundert Meter, freiwillig zu Fuß zurück, wenn er dafür sein Wagen benutzen kann. Erst recht nicht, wenn er vier Kilo Eis, in einem Kübel, hinter sich herziehen muss.

Diese kuriose Eigenart lernten wir später auch an vielen anderen Stellen kennen. Ein gutes Beispiel dafür sind Einkaufszentren, welche sich auf zwei gegenüberliegenden Seiten der gleichen Straße befinden. Niemals käme hier jemand auf die Idee, von der einen Straßenseite auf die andere, zu Fuß, zu gelangen, erst recht nicht, wenn er schon etwas eingekauft hat und somit eine Tüte schleppen müsste.

Immer wird das Auto benutzt.

Dies hat aber auch manchmal seine guten Seiten.
Sollten Sie jemals an einen Strand kommen, an welchem sich direkt dahinter ein Parkplatz befindet und Sie trotzdem etwas Ruhe, vor dem Trubel der Badegäste haben wollen, dann laufen Sie einfach dreihundert Meter am Strand entlang, weg vom Parkplatz. Kein Amerikaner käme auf die wahnwitzige Idee, sein Auto zu parken und dann dreihundert Meter weiter den Strand entlang zu laufen, um sich dort hinzulegen, schon gar nicht, wenn er dabei ein Handtuch, einen Sonnenschirm, eine Liege oder eben eine Kühlbox bei sich hat. Sie werden feststellen, dass dort, wo sich der Parkplatz befindet, sich die Masse der Menschen dicht am Strand aneinander drängt, um das Meer und den Sand zu genießen. Je weiter Sie sich von dem Parkplatz entfernen, umso geringer wird die Menschendichte, vorausgesetzt Sie laufen nicht auf einen anderen Parkplatz zu, der sich in der Nähe auch am Strand befindet. Sollten Sie tatsächlich so abenteuerlustig sein und sich mehr als fünfhundert Meter von dem Parkplatz weg bewegen, müssen Sie eventuell damit rechnen, keinem einzigen Menschen mehr zu begegnen, außer vielleicht einem anderen Europäer.

Kaum hatten wir unsere Kühlkiste auf dem Boot verstaut und waren alle eingestiegen, kramte mein Freund zwei Schwimmwesten aus einer Sitzbank hervor und teilte uns mit, dass diese, von den Kindern jetzt angelegt werden müssten.
Egal, auf welchem Gewässer Sie sich in den "Vereinigten Staaten von Amerika" befinden, Kinder unter zwölf Jahren müssen immer eine Schwimmweste tragen.
Bis zu diesem Punkt ist das noch nichts Ungewöhnliches.
Ungewöhnlich wird es erst dann, wenn das Boot aus dem Hafen heraus manövriert wurde und dem Kind, das gerade mal neun Jahre alt ist und aus Sicherheitsgründen eine Schwimmweste tragen muss, das Steuer des Bootes überlassen wird.
Doch das ist ganz legal.
Um ein Boot, mit einer Größe bis zu zehn Meter Länge und weniger als neun Passagieren zu steuern, brauchen sie in Amerika keinen Bootsführerschein. Jeder, der auch nur ein Lenkrad in der Hand halten kann, ist somit, legal, dazu befugt, ein Boot zu steuern, auch ein neunjähriges Kind, welches aus Sicherheitsgründen noch eine Schwimmweste tragen muss.
Einzig und allein sollte man sich mit den Verkehrsregeln auf dem Wasser vertraut machen. Diese werden ähnlich, wie im Straßenverkehr geregelt und auch

entsprechend überwacht. Es ist also kein Problem, wenn das Kind das Boot aus dem Hafen steuert, sofern es sich, an die Verkehrsregeln hält.

Somit hatten wir dann auch, auf unseren Bootsausflug, alle mal die Gelegenheit, selbst Steuermann zu spielen. Ein bis zwei Hinweise, worauf man achten musste, von unserem Freund und dieser setzte sich seelenruhig auf die Rückbank des Bootes und genoss die Fahrt.

Für uns vier war das natürlich ein tolles Erlebnis, obwohl wir die Logik der Gesetzgebung nicht ganz begreifen konnten.

Auch heute noch, mehr als zwanzig Jahre nach diesem Ereignis, gilt das Gesetz in ähnlicher Form. Die einzige Verschärfung, welche in der Neuzeit hinzugekommen ist, ist die, dass das Mindestalter nun auch zwölf Jahre betragen muss, um ein Boot zu steuern. Ansonsten hat sich an der gesamten Regelung nichts geändert. Die Regelung gilt nicht nur auf den Binnenseen, sondern auch auf dem offenen Meer, sofern man sich nicht weiter als fünfhundert Meter von der Küste entfernt.

Es ist also nichts Ungewöhnliches, wenn ein Dreizehnjähriger sein Boot direkt neben einem riesigen Kreuzfahrtschiff, in den Hafen von "Miami" steuert. Solange er die Verkehrsregeln dabei beachtet, ist das legal und einen Führerschein dazu braucht er keinen.

Diese wenigen, kuriosen Geschichten, hatten wir bereits erlebt, bei unserem ersten Besuch in den "Vereinigten Staaten" und unsere Lust, in diesem Land zu leben, wurde dadurch verstärkt, dass mein Bekannter mir ein Geschäft anbot.

„Habt ihr nicht Lust hier zu bleiben?", fragte er uns.

„Schön wär's", antworten wir schmunzelnd, ohne seine Frage wirklich ernst zu nehmen.

„Ich habe einen Freund in "Maine"", sagte er, „der besitzt dort ein Motel. Er hat keine Kinder und sucht einen Nachfolger, um das Geschäft dort weiter zu betreiben. Ich könnte es arrangieren, dass du den Laden dort übernehmen kannst".

Wir waren natürlich vollkommen überrascht, von dieser Art eines Angebotes. Mit so etwas hatten wir nicht gerechnet, erst recht nicht, bei unserem ersten Besuch hier.

„Das müssen wir uns aber erst einmal ganz genau überlegen", antwortete ich meinem Freund, „immerhin haben wir kleine Kinder, die noch in die Schule gehen und da wollen wir auf keinen Fall etwas überstürzen und dann ist es auch gar nicht so leicht, überhaupt eine Aufenthaltsgenehmigung in den "Vereinigten Staaten" zu bekommen", antwortete ich.

„Wenn du es richtig anstellst, ist es nicht so schwer", antwortete seiner Frau.

Erstaunt zog ich die Augenbrauen hoch.

„Ich arbeite seit über dreißig Jahren für die Regierung und kann dir einige Tipps geben, wie ihr, relativ schnell, zu einer "Greencard" kommt, sofern ihr, bei der Bewerbung, keine gravierenden Fehler macht."

Mit diesen Eindrücken flogen wir dann, eine Woche später, wieder zurück nach Deutschland, doch dieses Angebot ging uns nun nicht mehr aus dem Kopf.

Klar, ich hatte einen hoch bezahlten Job, hier in Deutschland, ein Haus, unsere Kinder hatten ihre Freunde, meine Frau hatte ihr eigenes Reisebüro und wir führten ein zufriedenes Leben. Wir hatten also wirklich keinen triftigen Grund auswandern zu wollen, oder auch nur darüber nachzudenken.

Doch wann bekommt man schon ein Jobangebot in Amerika beziehungsweise die Möglichkeit, dort sein eigener Chef zu sein und zusätzlich auch noch die Hilfe angeboten, die entsprechenden Papiere für eine Übersiedlung zu bekommen.

Kapitel 5
Bewerbung zur "Greencard"

Das Angebot meines Freundes ging mir nicht mehr aus dem Kopf. Immer wieder diskutierte ich mit meiner Frau darüber. Ich hielt es für eine gute Idee.

Wir waren knapp über dreißig Jahre alt, also jung genug, um so ein Abenteuer zu unternehmen. Doch meine Frau hatte Bedenken.

„Stell dir mal vor, wie kalt es über Winter, in "Maine" sein wird!

Da ist es in Deutschland, im Winter, richtig warm dagegen!

Von Oktober bis April im Schnee!

Willst du das wirklich?

Und dann die Kinder, willst du sie aus der Schule nehmen?

Die können kaum ein Wort Englisch!

Wie sollen die dort dann überhaupt Anschluss finden, oder dem Unterricht in der Schule folgen können?"

Unzählige Abende diskutierten wir über dieses Thema. Ich wollte einfach diese Chance nicht verstreichen lassen. Doch in letzter Konsequenz habe ich dann meiner Frau Recht gegeben.

Kalt ist es in Deutschland schon genug und in eine noch kältere Gegend, wollten wir eigentlich nicht umziehen.

„Dann lass uns wenigstens versuchen, die "Greencard" zu bekommen", sagte ich zu meiner Frau.

„Wenn wir das schaffen, dann haben wir immer die Gelegenheit dorthin umzuziehen. Wir können abwarten, bis die Kinder groß sind und dann die Entscheidung treffen. Noch mal bekommen wir sicherlich nicht die Gelegenheit, dass uns jemand dabei hilft, die entsprechenden Papiere zusammenzubekommen".

Im folgenden Jahr darauf unternahm ich alleine eine Reise in die "Vereinigten Staaten" und besuchte erneut, unsere Freunde.

Bei mehreren Gesprächen, mit der Frau meines Freundes, macht sie mir klar, dass die ganze Prozedur, eine "Greencard" zu bekommen, um dann im Land zu leben und arbeiten zu dürfen, in unserem Fall, ungefähr zehn Jahre dauern würde.

Der Zeitrahmen schreckte mich nicht, da wir erst einmal entschieden hatten, weiterhin in Deutschland zu bleiben.

Von diesem Zeitpunkt an sammelte ich zu Hause alle Belege über unsere wirtschaftlichen Verhältnisse.

Der entscheidende Punkt, für den Erhalt einer "Greencard" war, zehn Jahre lang, die wirtschaftlichen Verhältnisse, den amerikanischen Behörden lückenlos nachweisen zu können, um ihnen damit zu beweisen, dass man finanziell unabhängig war, von irgendwelchen Zuwendungen, der amerikanischen Regierung.

Die weiteren Voraussetzungen, die wir zur erfüllen hatten, waren folgende:

Zum Zeitpunkt unseres Antrages mussten wir einen Wohnsitz in den "USA" nachweisen können.

Wir mussten, wie gesagt, nachweisen, dass wir finanziell unabhängig sein würden von Zuwendungen der Regierung.

Wir mussten zusätzlich einen Bürgen haben, der sich für uns einsetzte. Einen Amerikaner natürlich.

Sowie einen guten Anwalt, der uns bei der Zusammenstellung der Bewerbungsunterlagen behilflich sein würde.

Schreibfehler oder sonstige Fehler, in der Bewerbung, würden direkt zum Ausschluss führen.

In den folgenden Jahren sammelte ich alle finanziellen Belege, die notwendig waren um eine lückenlose Darstellung unserer finanziellen Verhältnisse, bei der Bewerbung liefern zu können. Wir beauftragten einen Anwalt, in "Los Angeles", der uns beim Ausfüllen der Bewerbungsunterlagen behilflich war. Denn ein entscheidender Punkt war vonnöten, den wir nur, mit dem Anwalt, durchführen konnten.

Jedes Jahr gab es eine Frist für die Bewerbung. Die Frist, seine Bewerbungsunterlagen einzureichen, war auf genau drei Tage beschränkt. Ausgeschlossen waren alle Bewerbungen, die per Eilboten oder Expressversand eintrafen.

Also war es nur möglich seine Bewerbungsunterlagen, von Amerika aus, einzuschicken.

Dies wurde, von unserem Anwalt, in "Los Angeles", erledigt.

Des Weiteren mussten wir unsere Gesundheitsverhältnisse offen legen.

Ausgeschlossen waren alle Leute, die "HIV" infiziert waren, oder sonstige, ansteckende Krankheiten hatten.

Dies musste von einem Arzt nachgewiesen werden, welcher von der amerikanischen Botschaft, in Frankfurt, bestimmt wurde.

Wir mussten einen Nachweis bringen, dass wir gegen Masern, Pocken und unzähliger anderer Krankheiten geimpft waren, zum Zeitpunkt unserer Bewerbung.

Das hatte viele Arztbesuche, Impfungen und Nachweise zur Folge.

Wir mussten Untersuchungen über uns ergehen lassen, die einer Musterung zur Bundeswehr gleichkamen.

Ein weiterer wichtiger Punkt war, dass wir bisher nicht, in irgendeiner Form, polizeilich aufgefallen waren und wir eine einwandfreie Ehe führen würden.

Geschiedene Personen, oder sich in Scheidung befindliche Ehegatten, waren von der Bewerbung ausgeschlossen.

Ein weiterer entscheidender Punkt, anschließend, war ein persönliches Interview bei der amerikanischen Botschaft in Frankfurt.

Zu viert mussten wir dort, an einem Tag antreten und ich musste Hunderte von Fragen über mich ergehen lassen, natürlich in Englisch, um nachweisen zu können, dass ich die Sprache sprechen und verstehen konnte.

Die einzige und letzte Hürde, die wir dann noch zu nehmen hatten, war der Nachweis eines Wohnsitzes in Amerika.

Dies war eigentlich nur zu bewerkstelligen, indem wir dort, ein eigenes Haus nachweisen konnten.

Eines war uns jedenfalls klar, wir wollten nicht in einen Staat ziehen, in dem das halbe Jahr nur Schnee lag.

Kapitel 6
Ein Haus in "Florida"

Auf einer Urlaubsreise, durch die "Südstaaten", im Jahre 1993, der uns über "Texas", "Louisiana", "Alabama" und "Georgia" bis nach "Florida" führte, entschieden wir uns, letztendlich, für ein Grundstück, in der Südspitze von "Florida".

Wir fanden ein geeignetes Grundstück in der Stadt "Naples", der südlichste Ort, an der Golfküste in "Florida".

Das Wetter dort versprach ewigen Sommer, das ganze Jahr lang, also bestens geeignet, um sich dort ein Ferienhaus zu bauen.

Wir wählten ein Grundstück in einer "Gated Community".

Dies war wiederum ein absolutes Novum, für uns als Europäer.

Die "Gated Community" bedeutet in diesem Fall, ein Wohnviertel, welches nur zugänglich ist, für die Personen, die dort ein Grundstück, oder ein Haus besitzen.

Die "Gated Community" die wir auswählten, hatte etwa dreihundert Grundstükke, welche nur über eine Privat-Straße zugänglich waren. Der Eingang, zu dieser Straße, war mit einem großen Eisentor abgeriegelt, welches nur, mittels einer entsprechenden Fernbedienung, geöffnet werden konnte. Niemand anderes hatte Zutritt zu diesem Bereich, kein öffentlicher Verkehr war erlaubt.

Dies bot zum einen Sicherheit, für die Bewohner, in diesem abgesperrten Bereich, sowie die Nutzung der Community eigenen Einrichtungen, wie Schwimmbad, Tennisplatz und andere Annehmlichkeiten.

Es war ein kleines Dorf, abgeriegelt, inmitten einer Stadt.

Besucher unseres Hauses mussten sich am Eingangstor, mittels einer Gegensprechanlage, bei uns anmelden und wir hatten die Möglichkeit, über unser Telefon, das Tor für die Besucher zu öffnen.

Über die Jahre wurde uns klar, welche Sicherheit, diese Art zu wohnen, für uns und unser Haus bedeutete. Denn noch hatten wir keine Vorstellung davon, wie krass der Unterschied, zwischen Arm und Reich, in diesem Land, sein würde und welche Gefahren dies eventuell bedeutete.

So ist es nicht ungewöhnlich, dass sich eine Siedlung, mit wohlhabenden Leuten, inmitten einer Gegend befindet, in der normalerweise sehr viele arme Leute wohnen.

Gott sei Dank hatten wir, in unserer kleinen Stadt, mit diesen Problemen nicht zu kämpfen. Trotzdem bot die "Gated Community" für unser Haus Sicherheit, in der Zeit, in der wir uns in Europa aufhielten.

Im Sommer 1993 planten wir dann unseren Hausbau.
Natürlich mal wieder auf ganz andere Weise, wie wir es aus Deutschland gewohnt waren.
Wir brauchten keinen Architekten und mussten auch keine anderen Vorbereitungen treffen. Das Einzige, was wir zu tun hatten, war, in dem Büro der Community zu erscheinen und uns mit jemandem an einen Tisch zu setzen, der uns verschiedene Kataloge vorlegte.
Als Erstes mussten wir auswählen, für welchen Haustyp wir uns entscheiden. Es gab drei verschiedene Modellvarianten, aus denen wir wählen konnten.
Einstöckig, zweistöckig, mit Einzelgarage oder Doppelgarage.
Dann mussten wir uns entscheiden, wie viele Zimmer das Haus haben sollte.
Mit Schwimmbad oder ohne?
Wo sollten die Fenster hin und wie viele sollten es sein, groß oder klein?
Rote Ziegel oder graue?
Weiße Außenfarbe, gelbe Außenfarbe oder eine der fünf anderen Farben, die angebotenen wurden?
Dann die Innenausstattung:
Teppichboden oder Fliesen?
Welche Fliesen für die Bäder?
Welcher Armaturen, preiswert oder luxuriös?
Welche Küche, die Farbe, offen zum Wohnraum oder geschlossen?
Glatte Innentüren oder Kassettentüren?
Nachdem alles ausgesucht war, wurde der Endpreis festgelegt und der Vertrag unterschrieben.
Baubeginn sollte der November 1993 sein, die Fertigstellung im Januar 1994.

Genau so kam es dann auch.

Als wir im Oktober 1993 unser Grundstück besuchten, war dort eine Wiese zu sehen, in welche einige kleine Holzstücke gesteckt waren, um die wiederum einige Schnüre gespannt waren. Man konnte genau dem Umriss des Hauses sehen.
Pünktlich im November, wie vereinbart, begannen dann die Bauarbeiten.

Als wir dann, im Frühjahr 1994, unser Haus abnahmen, war es genauso, wie wir es ausgesucht hatten. Der Garten hatte bereits einen herrlich grünen Rasen. Palmen, sowie andere Bäume und Büsche waren schon gepflanzt worden. Eine Sprinkleranlage bewässerte alles, in regelmäßigen Abständen und im Haus lief bereits die Klimaanlage, ohne die kein Amerikaner leben kann, besonders nicht im südlichen "Florida".

Das Einzige, was wir jetzt noch zu tun hatten, war, unser Haus einzurichten und unsere Adresse, als Wohnsitz anzumelden.

Wir mussten uns einen Telefonanschluss besorgen, damit wir die Möglichkeit hatten, das Eingangstor zur "Gated Community", von unserem Haus aus, öffnen zu können.

Doch das sollte, wie alles, in Amerika, kein Problem sein und war in wenigen Minuten zu erledigen.

Alles, was dafür notwendig war, war der Gang zur Telefongesellschaft.

Mir wurde dort nur eine einzige Frage gestellt: „Wie ist ihre genaue Adresse?"

Nachdem ich der Dame diese mitgeteilt hatte, gab sie mir unsere zukünftige Telefonnummer.

„Und was muss ich jetzt tun?", fragte ich.

„Gehen sie in den nächsten Supermarkt und kaufen sie sich dort ein Telefon. Dann stecken sie es in den Anschluss in der Wand, fertig."

„Das ist alles?", fragte ich, „keine Wartezeit von mehreren Wochen oder Monaten?"

„Nein, das ist alles", sagte die Dame.

Gesagt - getan.

In weniger als einer halben Stunde hatte ich einen Telefonanschluss und konnte mich um andere Dinge kümmern.

Unseren Nachbarn, der dort bereits ein Haus seit einigen Jahren hatte, fragten wir, wo wir eine Antenne kaufen können, für einen Fernsehanschluss.

„Was für einer Antenne?", fragt er mich, „bist du "CB-Funker"?"

„Nein, mit "CB-Funk" habe ich nichts zu tun. Ich will nur eine Antenne für einen Fernseher installieren."

„Kauf dir einen Fernseher, und steck das Antennenkabel in die Buchse in der Wand, in einem deiner Zimmer."

„Und dann?", fragte ich.

„Dann schaltest du den Fernseher an. Er sucht sich selbsttätig die Sender, die angeboten werden. Das ist alles."

„Ja muss ich denn nicht irgendetwas tun, oder irgendetwas anmelden?"

„Nein", sagte er, „hier in dieser Community ist bereits Kabelfernsehen verlegt und automatisch angeschlossen. Du brauchst nur dein Kabel in die Buchse zu stecken."

Wir waren einfach nur baff.

In weniger als einer Stunde hatte ich Fernsehen, Telefon und alles andere, was ich im Haus brauchte. Für Wasser und Strom benötigte ich einen Anruf und meine Adresse, fertig. Ebenso war es mit der Müllabfuhr und allen anderen Dingen.

Noch einfacher geht es wirklich nicht.

Als wir dann, im Jahre 1997, alle unsere Unterlagen für die "Greencard" beisammen hatten, wurden unsere Bewerbungsunterlagen, im November 1997, bei der amerikanischen Einwanderungsbehörde eingereicht.

Jetzt hieß es nur noch abwarten und die Daumen drücken.

Kapitel 7
Greencard

März 1998.

Endlich war soweit, unser Antrag für die "Greencard" und Einreise in die "Vereinigten Staaten" wurde von der US-Einwanderungsbehörde genehmigt. Unser Anwalt schickte uns die entsprechenden Papiere zu und uns blieben, von diesem Zeitpunkt an, sechs Wochen, um in die "Vereinigten Staaten" einzureisen und unsere "Greencard" zu bekommen.

Einen Monat später war es dann soweit. Leider hatten unsere Kinder zu dieser Zeit keine Schulferien und so nutzte ich die Gelegenheit, um mit meiner Frau, zuerst einmal alleine in die "USA" einzureisen.
Unser Zielflughafen war "Detroit".
Nachdem wir unsere Papiere dem Zollbeamten vorgelegt hatten, führte dieser uns in einen zweiten Raum. Dort wurden unsere Papiere noch einmal komplett geprüft und wir mussten unsere Fingerabdrücke abgeben. Danach erhielten wir einen vorläufigen Stempel in unseren Pass, der uns als zukünftige Greencard-Besitzer auswies. Die Karte sollte uns, in den nächsten Tagen, an unsere amerikanische Adresse zugeschickt werden.

Die gleiche Prozedur unternahm ich, zwei Wochen später, mit unseren zwei Kindern. Es war ein deutscher Feiertag, der auf einen Donnerstag fiel. Die Kinder hatten freitags schulfrei. So nutzen wir die vier Tage, um in die "Vereinigten Staaten" einzureisen und für unsere Kinder die "Greencard Stempel" zu erhalten. Es war ein enormer Aufwand, einen Tag Anreise, zwei Tage ausruhen und am vierten Tag, wieder zurück nach Deutschland.

Wir hatten es geschafft. Alle vier hatten wir nun einen Stempel im Pass, der uns berechtigte, auf Lebenszeit, unbegrenzt in die "USA" ein- und auszureisen, uns dort aufzuhalten oder zu arbeiten.
Leider konnten wir zu diesem Zeitpunkt nicht wissen, dass unsere Freude darüber, nur sehr kurz anhalten würde.
Jetzt wo wir Besitzer einer "Greencard" waren, hatten wir keine Eile mehr. Wir hatten nicht geplant, in naher Zukunft, endgültig in die "USA" auszuwandern, sondern wollten warten, bis unsere Kinder ihre Schulen beendet hatten, um uns dann, in vielleicht zehn oder fünfzehn Jahren, in Amerika niederzulassen.

Die Freude über unsere "Greencard" hielt aber nicht einmal zwölf Monate. Bereits ein Jahr später, im April 1999, bei einem Urlaub in unserem Ferienhaus, in "Naples", mussten wir erfahren, dass die amerikanischen Einwanderungsbehörden ihre Einwanderungsbestimmungen geändert hatten.
Zum 1. Januar 1999 war folgende Regelung in Kraft getreten.
Die "Greencard" galt nun nicht mehr auf Lebenszeit, sondern war erst einmal beschränkt auf zehn Jahre und musste danach erneuert werden.
Dies alleine wäre jedoch nicht das Problem gewesen, sondern eine weitere Zusatzregelung brachte uns jetzt in Schwierigkeiten. Die Einwanderungsbehörde hatte nun das Recht, einem die "Greencard" wieder zu entziehen, sofern man sich, nicht mindestens 183 Tage im Jahr, in den "Vereinigten Staaten" aufhielt.
Uns war klar, dass vier Wochen Urlaub, pro Jahr, nicht ausreichen würden, um unseren Status weiterhin aufrechtzuerhalten.

Wir hatten nun nur noch die Wahl, entweder dieses Jahr endgültig in die "USA" auszuwandern, oder unsere "Greencard" zum Jahresende wieder zu verlieren.

„AUS DER TRAUM!", waren erst einmal unsere Gedanken.

Was sollten wir jetzt tun? Wir konnten doch nicht einfach, ach und Krach, alles in Deutschland stehen lassen und direkt in die "Vereinigten Staaten" übersiedeln. Unsere jüngste Tochter war gerade mal 14 Jahre alt und noch mitten in ihrer Schulzeit. Die Ältere, mit ihren 18 Jahren, hatte gerade eine Ausbildung als Fremdsprachenkorrespondentin begonnen und auch diese wollten wir nicht einfach abbrechen.

Doch eine Entscheidung musste schnell getroffen werden.

Wieder zurück in Deutschland diskutierten wir viele Abende darüber, wie wir uns weiter entscheiden sollten.
Das Haus, welches wir in Deutschland besaßen, konnten wir unmöglich in wenigen Wochen verkaufen und was war mit meiner Arbeit und allem anderen?
Wir hatten keinen Arbeitsplatz, keinen Führerschein, keine Krankenversicherung in den "USA". Außer dem Haus, welches wir dort besaßen und einem Auto in der Garage waren wir überhaupt nicht auf diese Situation vorbereitet und wussten erst einmal nicht, wie wir das Ganze bewerkstelligen sollten.

Doch letztendlich trafen wir die Entscheidung, unsere "Greencard", für die wir die letzten zehn Jahre hart gearbeitet hatten, nicht wieder aufzugeben.
Ich setzte mich mit einem amerikanischen Anwalt in Verbindung, um einen Lösungsweg aus dieser Misere zu finden. Er erklärte mir, dass es die Möglichkeit gäbe, eine Sondergenehmigung zu erhalten, bei welcher man die Möglichkeit hätte, die nächsten zwei Jahre, länger als 182 Tage im Ausland, also außerhalb der "USA", zu leben. Doch diese Ausnahmegenehmigung war, auf maximal zwei Jahre, beschränkt. Das würde auf jeden Fall reichen, damit unsere älteste Tochter, ihre Ausbildung, hier in Deutschland, beenden konnte und es würde uns Zeit geben, eine entsprechende Arbeitsstelle in den "USA" zu suchen und unser Haus in Deutschland zu verkaufen.

Wir entschlossen uns, daraufhin, Folgendes zu unternehmen.
Im Sommer desselben Jahres sollten meine Frau und unsere jüngste Tochter, direkt in die "Vereinigten Staaten" übersiedeln, während unsere älteste Tochter und ich, mittels der Ausnahmegenehmigung, weiterhin, für zwei Jahre, in Deutschland leben würden. So hätte wenigstens meine Frau die Möglichkeit, sich in dieser Zeit, eine Arbeitsstelle zu suchen und unsere jüngste Tochter könnte dort auf die Schule gehen.

Schweren Herzens unterbreiteten wir unseren Kindern, sechs Wochen vor den Sommerferien, unsere Entscheidung. Die schwierigsten Aufgaben hatten nun meine Frau und unsere jüngste Tochter. Meine Frau musste sich, ohne Unterstützung, in einem neuen Land zurechtfinden und dort eine Arbeitsstelle finden. Unsere Tochter musste, mit wenigen Englischkenntnissen, in die Schule gehen.

Ich blieb erst einmal zurück, mit unserer ältesten Tochter, die ihre Ausbildung fertigmachen würde.

Doch auch für uns, Zurückgebliebene, wurde das Leben recht kompliziert. Neben meiner Arbeit musste ich jetzt, mit unserer ältesten Tochter noch den Haushalt erledigen, Aufgaben, mit denen wir beide bisher nur sehr wenig konfrontiert waren. Alleine mit einer 18 Jährigen, ohne die Unterstützung ihrer Mutter, da gab es jede Menge Reibereien und Spannungen zwischen uns. Ihr 18. Geburtstag fiel deshalb auch nicht so fröhlich aus, wie er normalerweise sein sollte, da ihre Mutter und ihre Schwester bereits eine Woche später Deutschland verließen.

Kapitel 8
Führerschein

Der 8. August 1999 war dann der Stichtag.

Schweren Herzens trennte sich unsere Familie auf dem Flughafen in Frankfurt. Meine Frau und unsere jüngste Tochter reisten in eine ungewisse Zukunft in der "Neuen Welt".

Zum Glück hatten wir, in den letzten Jahren, ein Auto dort gekauft, sodass meine Frau die Gelegenheit hatte, sich frei zu bewegen. Es war jedoch nicht die Art von Fahrzeug, mit welchem sie gerne durch die Stadt fuhr.
Wir besaßen einen "1969 Pontiac Bonneville", also einen Straßenkreuzer der alten Generation mit etwas mehr als sechs Metern Länge.

Das Auto in die Garage zu platzieren war Millimeter Arbeit und der Wagen, war eigentlich nicht dafür gedacht, die täglichen Fahrten, die nun notwendig wurden, zu unternehmen. Sein Benzinverbrauch lag weit über dem, was man heute als üblich bezeichnen würde und ein Fahrzeug dieser Länge und Breite, durch den Verkehr zu manövrieren, war nicht das, was meine Frau gewohnt war, nachdem sie in Deutschland ein "Golf Cabrio" gefahren war.

Die amerikanische Gesetzgebung schrieb vor, dass man, wenn man sich in diesem Land niedergelassen hat, nach spätestens dreißig Tagen Aufenthalt, den amerikanischen Führerschein zu machen hatte.

Das klingt zunächst einmal einfach, war es jedoch nicht.
Bestandteil des Führerscheines war es, die theoretische Fahrprüfung abzulegen, also die amerikanische Straßenverkehrsordnung genau zu kennen. Dies bedeutete, sich erst einmal gewaltig umzustellen, wenn man sich, mit einem Auto, im amerikanischen Verkehr bewegte.
Wo war auf einmal die Ampel?
Wir waren es von Deutschland gewohnt, auf eine Kreuzung zuzufahren und an der rechten Seite, an der Kreuzung der Straßen, die Ampel zu finden. In Amerika gibt es an der rechten Seite der Straße, an einer Kreuzung, keine Ampel. Sie hängt immer, an einem Seil gespannt, auf der gegenüberliegenden Straßenseite der Kreuzung, das heißt kein Blick nach rechts, sondern der Blick nach oben ist jetzt angesagt.
Auch sollte man an einer roten Ampel nicht einfach stehen bleiben, wenn man nach rechts abbiegen will. Das hat nämlich zur Folge, dass der nachfolgende Verkehr, einem mit lautem Hupen darauf aufmerksam macht, doch endlich loszufahren, denn in Amerika, beziehungsweise in "Florida" gilt die Regel:
"Rechtsabbiegen bei Rot ist erlaubt".
Nicht jedoch, wenn ein Schild über der Kreuzung hängt, mit der Aufschrift "No turn on red" und eventuell auch nicht, wenn man sich in einem anderen Bundesstaat befindet, was wir später noch, auf unangenehme Weise lernen sollten.

Ein "STOP" Schild an einer Kreuzung bedeutet nicht automatisch, dass der Verkehrsteilnehmer, von rechts oder links, Vorfahrt hat. Es ist nicht außergewöhnlich, dass sich an einer Kreuzung vier "STOP" Schilder befinden.
Vier "STOP" Schilder, werden Sie fragen, welchen Sinn ergibt das denn?
Der Sinn ist erst einmal, dass alle anhalten müssen. Dann gilt nicht "rechts vor links", wie wir es gewohnt sind, sondern die Reihenfolge, wie man diese Kreuzung überquert, hängt davon ab, in welcher Reihenfolge die Fahrzeuge die Kreuzung erreicht haben. Wer zuerst kommt, hält an und fährt dann auch zuerst über die Kreuzung, jeweils in der entsprechenden Reihenfolge. Das ist etwas merkwürdig und manchmal auch verwirrend, wenn man aus Europa kommt.

Nicht ganz einfach und auch etwas gefährlich ist die Regelung, dass man auf einer mehrspurigen Straße oder der Autobahn, sowohl rechts, als auch links überholen kann. Ohne dass man seinen linken Außenspiegel ständig in Beobachtung hat, führt das, sehr schnell, zu einer ungewollten Kollision, mit jemandem, der einem links überholt.

Dann sind da noch die berühmten "55 Meilen Speedlimit". Sich daran zu gewöhnen, dass die maximale Höchstgeschwindigkeit unter 89 Kilometer pro Stunde beträgt, ist nur sehr schwer nachzuvollziehen. Insbesondere dann, wenn man sich auf einer Straße befindet, die vierhundert Kilometer geradeaus geht, sechsspurig ist und nicht eine Kurve, auf der ganzen Strecke, zu finden ist.

Es ist auch schwer zu verstehen, wenn man ein gelbes Schild sieht, auf dem geschrieben steht **"PED XING"**.
Was das bedeuten soll, versteht man erst dann, wenn man die Vorliebe der Amerikaner für Abkürzungen kennengelernt hat. Dass das Ganze "Pedestrian Crossing", also Fußgängerüberweg heißt, muss einem erst einmal gesagt werden.
Auch Schilder mit der Aufschrift "GATOR XING", "SCHOOL XING" oder "TANK XING", für Panzer, die über die Straße rollen, sind nichts Ungewöhnliches.

Man muss auch lernen, sich damit abzufinden, dass es keine Schilder mit Orts-
namen gibt.

Wenn man nicht weiß, wo man sich gerade befindet, ist raten angesagt. So heißt
es, zum Beispiel, auf der Autobahnausfahrt nicht einfach, nächste Ausfahrt
„NAPLES" oder "FT MYERS", sondern es heißt vielleicht "Daniels PWY". Man
setzt einfach voraus, dass man weiß, dass sich der "Daniels Parkway" in "Ft
Myers" befindet und nicht in "Naples".

Ohne genügend Ortskenntnisse, fällt es also nicht sehr schwer, ganz woanders zu
landen, als man es tatsächlich geplant hat, was in manchen Fällen dazu führen
kann, dass man urplötzlich in einer Gegend landet, in die man besser nicht gefahren wäre. Sehr schnell findet man sich so in einem Viertel wieder, das ganz und
gar nicht den eigenen Ansprüchen, von Sicherheit, genügt.

Am Anfang etwas verwirrend, sind auch die gelben und weißen Straßenmarkie-
rungen.

Einmal sind die durchbrochenen Mittelstreifen gelb, ein anderes Mal sind sie
weiß. Der Unterschied wird einem erst dann klar, wenn man die Verkehrsregeln
gebüffelt hat und gelernt hat, dass eine gelbe Fahrbahnmarkierung den Gegen-
verkehr von der eigenen Fahrbahnseite trennt.

Ein weiterer Punkt, den man unbedingt lernen sollte, ist das richtige Verhalten,
wenn man von einem Streifenwagen, der Polizei, angehalten wird.

Machen Sie jetzt ja nicht den Fehler und steigen aus!

Fahren Sie in Ruhe, bei der nächsten Möglichkeit, an den Straßenrand und warten, im Auto sitzend ab, was folgt. Lassen Sie am besten Ihr Seitenfenster herunter, legen die Hände, gut sichtbar, auf Ihr Lenkrad und warten darauf, bis der Polizeibeamte an Sie herangetreten ist und in Ihnen seine Fragen stellt.
Ein Aussteigen, in dieser Situation, aus dem Fahrzeug, kann Ihnen schnell als Angriff auf einen Polizeibeamten ausgelegt werden und eine unangenehme Reaktion zur Folge haben. In diesem Fall finden Sie sich sehr schnell in Handschellen wieder oder werden von einem Elektroschocker zu Boden gestreckt. Im schlimmsten Fall hat der Polizeibeamte etwas überreagiert und Sie erschossen.

Bleiben sie also besser in ihrem Fahrzeug sitzen!

Sollten Sie jedoch aufgefordert werden, Ihren Wagen zu verlassen, gibt es auch hier einige Verhaltensregeln. Ihre Hände sollten, für den Polizeibeamten, immer gut sichtbar sein. Einen "coolen Auftritt" sollten Sie auf keinem Fall dadurch unterstützen, dass Sie, in dieser Situation, Ihre Hände lässig in die Hosentaschen stecken oder mit dem Beamten, über den Sinn und Zweck, dieses unfreiwilligen Stopps, diskutieren zu wollen.
Auch alle Beifahrer sollten in diesem Moment, nicht den Wagen verlassen und sich schon gar nicht in das Gespräch mit dem Polizisten einmischen.

Selbst wenn Ihr Fahrzeug ohne Probleme hundertfünfzig Meilen schnell ist und vierhundert Pferdestärken hat, sollten Sie es auf keinen Fall darauf anlegen, dies auf einer Autobahn oder einer anderen öffentlichen Straße zu testen, denn bei Verkehrsüberschreitungen, von mehr als 29 Meilen, kennt das amerikanische Gesetz keine Gnade und Sie landen, für mindestens einen Tag, im Gefängnis. Dies wird, in diesem Fall, keine angenehme Übernachtung sein, denn ich muss Ihnen hier kaum erklären, welche anderen, netten Zellengenossen, sie in einem amerikanischen Gefängnis zu erwarten haben. Der Gesetzgeber macht in diesem Fall keinen Unterschied, ob Sie einen Tag oder 25 Jahre zu verbüßen haben, Sie landen in der gleichen Zelle, wie jeder andere Schwerverbrecher.

Alkoholische Getränke in einem Auto zu transportieren und sie nicht dabei im Kofferraum zu verstauen, kann zum gleichen Ergebnis führen. Es ist absolut

verboten, eine offene Bierdose oder irgendein anderes offenes alkoholisches Getränk, in irgendeiner Form, sichtbar in einem Auto zurückzulassen. Auch ist es
verboten, Alkohol mit einem Auto, von einem Bundesstaat in den anderen zu
transportieren. Dieses wird einem als Alkohol-Schmuggel, über eine Staatsgrenze, ausgelegt und entsprechend bestraft.

Zum anderen enden alle Vergehen, die man sich im Straßenverkehr zuschulden
kommen ließ, direkt beim Verlassen eines Bundesstaates. Eine Verkehrsübertre-
tung, zum Beispiel in "Florida", kann in "Georgia" nicht mehr geahndet werden,
es sei denn, man kehrt nach "Florida" zurück und man wird Ihnen dort habhaft.
Wie schon zuvor angesprochen, hat jeder Staat seine eigenen Verkehrsregeln und
das Umziehen, vor einem Staat in den anderen, hat zur Folge, dass man dort, eine
neue Fahrerlaubnis beantragen muss. Wenn man schon vorher einen Führerschein aus einem anderen Bundesstaat besessen hat, wird dieser eingezogen und
ein Neuer, gegen eine Gebühr, ausgestellt.

So war es dann auch für meine Frau.
Nach dreißig Tagen büffeln, der Verkehrsregeln, machte sie, auf der örtlichen
Führerscheinstelle, ihre theoretische Prüfung und erhielt ihre amerikanische
Fahrerlaubnis.
Diese gilt jedoch nicht auf Lebenszeit, sie wird in der Regel auf fünf oder zehn
Jahre ausgestellt, je nachdem, was man sich bisher im Straßenverkehr zuschulden
kommen ließ.
Auch gilt der amerikanische Führerschein, als eine Art Personalausweis. Ohne
Führerschein geht eigentlich gar nichts. So musste meine Frau, zum Beispiel,
einen amerikanischen Führerschein vorweisen können, um unsere Tochter von
der Schule abholen zu dürfen.

Kapitel 9
Die neue Schule

Das nächste große Ereignis, was nun anstand, war die Anmeldung bei der Schule.

Um sich selbst und unsere Tochter, etwas auf das vorzubereiten, was sie zukünftig erwartete, besuchte meine Frau während der Schul-Sommerferien noch eine Abendschule, um die Englischkenntnisse aufzubessern.

Als Erstes, teilte die Schule ihr mit, dass für eine Anmeldung noch eine Gesundheitsprüfung notwendig war. Es hatte also nicht genügt, dass wir in Deutschland schon all diese Gesundheitstests über uns ergehen lassen mussten, sondern nun folgte das Gleiche nochmals, für unsere Tochter, um überhaupt, in der Schule aufgenommen zu werden. Ohne Arbeit und eine Krankenversicherung war dies erst einmal eine sehr teure Angelegenheit.
Im Büro, der Schule, legte meine Frau dann die entsprechenden Gesundheitsnachweise vor und auch das Schulzeugnis, aus der deutschen Schule, für, welches sich jedoch niemand, wirklich interessierte.

Alle Räume der Schule waren in Brombeerfarben gehalten. Das Ganze erinnerte eher an ein Haus in "Disneyland", als an eine Schule.
Jedem Schüler wurde ein "Locker", also ein abschließbarer Schrank zugeteilt, in dem er seine Unterlagen, für die nächsten Schulstunden aufbewahren konnte. Schulbücher musste man hier nicht kaufen, die wurden alle, von der Schulbehörde gestellt und mussten am Ende des Jahres wieder zurückgegeben werden.

Dann gab es, kurz vor Schuljahresbeginn, eine generelle Einführungsveranstaltung, für die Schüler. In einem großen Saal, mit brombeerfarbenen Stühlen und pinkfarbenen Wänden, lauschten die Schüler und ihre Eltern dem Vortrag des Direktors. Das Ganze glich eher einer Verkaufsveranstaltung, als einer Einführung in eine Schule. Am Ende der Veranstaltung teilte der Direktor mit, dass sich unter den Stühlen, eines jeden Schülers, ein Loszettel befindet und somit, einige der Schüler, nach der Veranstaltung, Preise gewinnen konnten.

Ganz anders, als in Deutschland, war die Schule nun ganztags und auch die Ferienregelung war etwas anderes, als wir es aus Deutschland gewohnt waren.

Zwei Wochen Herbstferien gibt es nicht.

Zwei Wochen Weihnachtsferien gibt es nicht.

Zwei Wochen Osterferien gibt es nicht.

An Weihnachten gab es eine Woche frei, zwischen den Jahren und um die Osterzeit eine Woche "Springbreak". Ansonsten gab es nur einmal einen größeren Block mit Ferien, allerdings dann zwei Monate im Sommer, wobei auch in dieser Zeit, eine Art "Sommerschule" abgehalten wurde, für diejenigen Schüler, die in ihrem Lernstoff noch Nachholbedarf hatten.

Ferienzeit für Lehrer, ist hier gänzlich unbekannt. Wie jeder andere Arbeitnehmer auch hat ein Lehrer maximal fünf oder zehn Tage Urlaub im Jahr, egal ob Schulferien sind oder nicht. In der Zeit der Schulferien haben sich die Lehrer um die bereits erwähnte "Sommerschule" zu kümmern, oder werden für andere schulspezifische Zwecke eingesetzt.

Festgelegte Klassenzimmer, wie wir sie aus Deutschland kannten, gab es auch nicht. Jede Stunde mussten die Schüler die Klassenräume wechseln und holten, für die jeweilige Unterrichtsstunde, ihre Arbeitsmaterialien aus ihrem Spint. Auch einen festen Klassenverband, an sich, gab es nicht, in jeder Unterrichtsstunde wechselte die Zusammensetzung der Schüler und Lehrer.

In der Regel wurde die Unterrichtsstunde, gleichzeitig mit zwei Lehrern abgehalten, um sich intensiver, um die Bedürfnisse der Schüler kümmern zu können. Auch wurde sehr schnell herausgefunden, welche Talente ein Schüler besaß, um ihn dann, in den entsprechenden Förderkursen weiterzubilden, zusätzlich, zum normalen Unterricht.

Unsere Tochter kam in eine spezielle Klasse für Schüler, die nur wenig Englisch verstanden. Nichts Außergewöhnliches, in Amerika. Sie war mit vielen spanisch sprechenden Kindern, aus südamerikanischen Staaten, zusammen, was sie zu der Bemerkung brachte, mir zu erzählen, dass in ihrer Klasse ja nur "Ausländer" wären, ohne dabei zu bedenken, dass sie in diesem Moment, selbst der Ausländer war.

Die Schule selbst ist hermetisch, von dem umliegenden Wohngebiet, durch einen hohen Zaun abgeriegelt. Schüler können das Schulgelände nur mit spezieller Genehmigung verlassen. Eltern haben zum Schulgelände, außer dem Sekretariat, in der Regel, keinen Zutritt und müssen sich im entsprechenden Büro anmelden.

Auch das Abholen von der Schule ist genau geregelt. Es ist es nicht möglich, einfach dort vorzufahren und sein Kind von der Schule abzuholen, ohne dass vorher, die entsprechende Genehmigung, beim Sekretariat hinterlegt wurde.

Das führte zum Beispiel dazu, dass ich einmal unsere Tochter von der Schule abholen wollte, mir dies aber verweigert wurde, da ich zu diesem Zeitpunkt noch nicht als Abholer eingetragen war. Meine Frau hatte es versäumt in der Zeit, als ich mich noch in Deutschland aufhielt, mich als Abholer registrieren zu lassen. Für den Notfall war unsere Nachbarin eingetragen. So musste ich mich erst, mit meiner Nachbarin und meiner Frau kurzschließen, um deren Genehmigung zu erhalten, meine eigene Tochter, von der Schule abholen zu können. Erst nach einigen Telefonaten, hin und her, war es mir möglich, dies zu tun.

Alle Schüler werden am Morgen, mit dem berühmten gelben Schulbus, genannt "Cheese-Wagon", also Käsewagen, wegen der Farbe, abgeholt und am Abend wieder nach Hause gebracht.

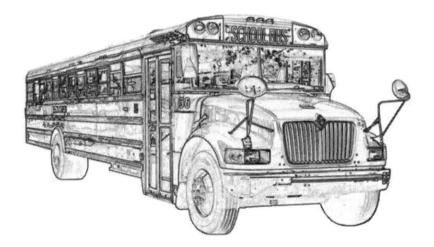

Dies gilt allerdings nur für die Schüler, die mehr als eineinhalb Meilen von der Schule weg wohnen. Unsere Tochter hatte das Pech, nur 1,4 Meilen von der Schule weg zu wohnen und musste so, entweder zu Fuß laufen oder mit dem Auto hingebracht und abgeholt werden.

Sie fand das gar nicht lustig, mit dem riesigen, alten Straßenkreuzer vorgefahren zu werden, während ihre Mitschüler mit dem "Cheese-Wagon" unterwegs waren. Es war ihr richtig peinlich und deshalb ging sie auch lieber zu Fuß.

Eine absolute Selbstverständlichkeit, in einer amerikanischen Schule, ist der obligatorische Schulpolizist.

In jeder Schule achtet ein Polizeibeamter darauf, dass kein Unberechtigter das Schulgelände betreten oder verlassen kann. Selbst ein Schüler, der zum Beispiel vorzeitig, wegen Krankheit, nach Hause muss, kommt, ohne einen "Passierschein", der von dem Polizisten kontrolliert wird, nicht von dem Gelände.

Das ganze Schulsystem selbst, in den "Vereinigten Staaten", ist etwas anders geregelt als in Deutschland. Es gibt eine Art Grundschule, eine "Middle-School" und die "High-School". Alle Schüler durchlaufen diese drei Schularten. Zusätzlich gibt es eine Art Vorschule, ähnlich wie ein deutscher Kindergarten, nur mit dem Unterschied, dass die Kinder dort nicht nur zum Spielen sind, sondern bereits Lesen, Schreiben und Rechnen lernen. So ist es absolut üblich, dass ein Kind, wenn es mit sechs Jahren in die öffentliche Schule geht, bereits relativ gut Lesen, Schreiben und Rechnen kann.

Nach Abschluss der "High-School" haben die Schüler dann die Möglichkeit, entweder ein "College" oder die Universität zu besuchen, was jedoch, im Regelfall, eine sehr teure Angelegenheit ist. Aus diesem Grund schließen viele Amerikaner, bereits bei der Geburt ihres Kindes, eine "Collegeversicherung" ab, um ihrem Nachwuchs später, den Aufenthalt, in einer solchen Einrichtung, finanzieren zu können. 20.000 bis 25.000 Dollar Jahresgebühr sind dabei keine Seltenheit.

Für uns völlig abwegig, erschien die allmorgendliche "Pledge of the Allegiance". Eine Art Schwur, auf die Verfassung der "Vereinigten Staaten von Amerika", bei der alle Schüler aufstehen, ihre linke Hand auf das Herz halten und den Text der "Pledge of the Allegiance" gemeinsam sprechen.

Entgegen unseren vorherigen Bedenken absolvierte unsere Tochter den Einstieg in die Schule mit Bravour. Wir hatten damit gerechnet, dass sie wegen der Sprachkenntnisse, Probleme im ersten Jahr, in der Schule haben würde. Doch bereits nach sechs bis acht Wochen war ihr Englisch weitaus besser, als wir gedacht hatten. Bereits nach zwölf Wochen konnte sie, die Spezialklasse, für nicht englischsprachige Schüler, verlassen und am regulären Unterricht teilnehmen.

Sie war diejenige von uns allen, die sich am schnellsten und am unproblematischsten an die "Neue Welt" angepasst hatte.

Kapitel 10
Die erste Arbeitsstelle

Nachdem das Thema Schule und Führerschein nun abhakt, war, stellte sich für meine Frau die Frage einer Arbeitsstelle.

Durch ihre bisherige Tätigkeit, in ihrem eigenen Reisebüro, welches sie in Deutschland hatte und welches sie wegen der Auswanderung aufgeben musste, sowie die Tatsache, dass sie nun in einem Urlaubsort wohnte und Deutsch sprach, führte zu der Überlegung, sich in einem Hotel, für eine Stelle an der Rezeption zu bewerben.

Nach vielen Bewerbungen und persönlichen Vorstellungen, in verschiedenen Hotels, erhielt sie, bereits sehr schnell, eine Stelle in einem Hotel, nur etwa fünf Meilen von unserem Haus entfernt.

Bevor sie jedoch die Arbeitsstelle antreten konnte, musste sie zuerst einen "Drug-Test", also einen Drogentest bestehen. Also wieder zum Arzt und die entsprechenden Bescheinigungen besorgen.

Zeugnisse eventuell früherer Arbeitgeber interessierten nicht, es genügte, was meine Frau von ihrer Berufserfahrung erzählte. Viel wichtiger war dagegen, dass sie bereit war, im Schichtbetrieb zu arbeiten und auch an Wochenenden oder Feiertagen zur Verfügung stand.

Die Arbeitsbedingungen waren allerdings nicht von der Art, wie wir es aus Deutschland kannten.

Zum einen gab es kein festes Gehalt, man wurde nur nach gearbeiteten Stunden bezahlt. Jede Stunde, in der jemand fehlte, auch wegen Krankheit blieb unbezahlt. Sobald sie ihren Tresen, an der Rezeption, verlies, musste sie sich an der Stechuhr abmelden. Pausen oder Unterbrechungen jeder Art zählten nicht zur Arbeitszeit und wurden deshalb auch nicht bezahlt.

Die Arbeitswoche hatte sechs Tage und, in der Regel, mehr als fünfzig Wochenstunden. Ein freies Wochenende, oder zwei freie Tage hintereinander gab es nicht mehr. Freie Tage, wie Feiertage, auch das kennt ein Amerikaner nicht. An Feiertagen wird genauso gearbeitet wie an anderen Arbeitstagen. Arbeiten, an einem Sonntag, ist für einen Amerikaner nichts Außergewöhnliches.

Doch dann kam der Hammer! Die Urlaubsregelung.

Wir waren aus Deutschland gewohnt, vier bis sechs Wochen Urlaub, im Jahr, bezahlt zu bekommen. Hier in Amerika war dies ganz anders. Meine Frau bekam gerade mal fünf Tage Urlaub im Jahr und das erst, nachdem sie die ersten zwölf Monate erfolgreich dort gearbeitet hatte. Die fünf Tage Urlaub waren auch noch unbezahlt, denn Geld gab es nur für gearbeitete Stunden.

Für den Traum, in der "Neuen Welt" leben zu können, musste jetzt ein hoher Preis bezahlt werden.

Eine Krankenversicherung, die zum Teil vom Arbeitgeber bezahlt wird, gibt es nicht. Krank sein bedeutet, in Amerika, ohne Einkommen zu sein. Selbst wenn man sich privat krankenversichert hat, übernimmt die Krankenversicherung nicht die Kosten, für den Verdienstausfall, in der Zeit in welcher man nicht arbeiten kann, sondern lediglich einen Teil der Arztkosten. Sich vom Arzt krankschreiben zu lassen, hat keinen Sinn, niemand bezahlt die ausgefallene Arbeitszeit. Der einzige Grund, eine Bescheinigung vom Arzt zu bekommen, ist der, nicht gefeuert zu werden. Wenn nicht spätestens am zweiten Tag der Krankheit, von einem Arzt eine Bescheinigung vorliegt, dass man wirklich nicht in der Lage ist zu arbeiten, verliert man seine Arbeitsstelle.
Klagen vor Gericht, gegen solche Kündigungen, sind zwecklos, denn in den meisten Fällen, steht in einem Arbeitsvertrag, dass man jederzeit, ohne Grund und ohne Frist gekündigt werden kann.
Erst jetzt wussten wir es zu schätzen, wie paradiesisch die Welt eines Arbeitnehmers, in Deutschland, war.
Auch musste sich meine Frau damit abfinden, dass sie häufig für Arbeiten eingesetzt wurde, die gar nicht ihrer Position entsprachen. Fiel irgendjemand an einer anderen Stelle aus, dann musste auch mal, ohne zu murren, dort ausgeholfen werden. Sich dagegen auszusprechen hätte automatisch eine Kündigung zur Folge gehabt.

Zeugnisse von Fertigkeiten, die man in Deutschland erworben hatte, wie eine Lehre oder Ausbildung interessierten niemanden.
Einzig und allein gilt die Devise:
Bist du bereit diesen Job zu tun?
Bist du bereit alles zu lernen, was dein Job von dir verlangt?
Wenn du es nicht, in kürzester Zeit begriffen hast, wirst du wieder gefeuert!
Arbeitnehmerschutz gibt es nicht!

Gründe, warum dein Arbeitgeber dich feuern kann, braucht er nicht!

Mehrere Fehler hintereinander zu machen kannst du dir nicht leisten, ohne deinen Job zu verlieren.

Die Bezahlung der meisten Arbeitsstellen, liegt weit unter dem, was wir aus Deutschland kennen und so sind viele Amerikaner darauf angewiesen, teilweise eine zweite Arbeitsstelle zu haben, um ihren Lebensunterhalt bestreiten zu können. Arbeitszeiten von mehr als 16 Stunden am Tag sind also keine Seltenheit.

Die Arbeitswelt in Amerika ist erbarmungslos und ohne sozialen Rettungsanker, wie wir es von Deutschland her kennen.

Verliert man seine Arbeitsstelle, steht man auf der Straße.

Ein Arbeitsamt gibt es nicht.

Sozialhilfe oder andere Unterstützung gibt es nicht.

Frührente gibt es nicht.

Meist langt auch das spärliche Einkommen kaum dazu, einen anständigen Rentenanspruch zu erlangen. Rente gibt es ohnehin erst ab 65 Jahren oder älter. Eine vorzeitige Pension kennt das Gesetz nicht. Deshalb ist es auch nichts Ungewöhnliches, das man häufig ältere Menschen an den verschiedensten Arbeitsstellen antrifft. So hatte auch meine Frau mehrmals Arbeitskollegen die weit über 75 Jahre alt waren und immer noch arbeiten mussten.

Das System, in diesem "Gelobten Land", ist erbarmungslos und manchmal sehr ungerecht.

Jeder Auswanderer, der sich mit dem Gedanken anfreundet, in die "Vereinigten Staaten von Amerika" auswandern zu wollen, sollte sich deshalb die vorangegangenen Zeilen, nochmals genau durchlesen, bevor er seine heile Arbeitswelt in Europa verlässt, denn besonders bitter wird es dann, wenn er irgendwann wieder in seine Heimat zurückkehren muss. Alle "Social Security Abgaben", also die Zahlungen in die Rentenkasse, die jeder automatisch abgezogen bekommt, egal ob er einen Aushilfsjob hat oder Präsident des Landes ist, gehen bei einer Rückkehr in die Heimat verloren, sofern man nicht mindestens zehn Jahre in Amerika gearbeitet hat und zusätzlich, mindestens eine "Greencard" besitzt. Da man sich für die "Greencard" jedoch mehr als 183 Tage im Jahr in den "USA" aufhalten muss, kann man sich ausrechnen, wie schnell man diese, bei einer Rückkehr in die Heimat, verliert und damit auch den Rentenanspruch, den man sich, in den letzten, mindestens zehn Jahren vielleicht erworben hat. Falls man es also nicht geschafft hat, in dieser Zeit amerikanischer Staatsbürger zu werden, kann man sich von all den, in den "USA" erworbenen Ansprüchen, jetzt verabschieden.

Ich will Ihnen an dieser Stelle nicht die Lust an einer eventuellen Auswanderung nehmen, aber, wie ich mitverfolgen konnte, wird in vielen Fernsehsendungen, die Auswanderung in die "USA" komplett falsch dargestellt und meist als einfach und in rosaroten Farben geschildert. Es werden Erfolgsgeschichten von Auswanderern präsentiert, wie einfach sie es hatten, hier herzukommen und wie erfolgreich sie dann waren. Bei genauer Recherche werden Sie jedoch feststellen, dass mehr als 95 Prozent all dieser Auswanderer, wieder in ihre Heimat zurückgekehrt sind, sicherlich nicht, weil sie in ihrem Auswanderungsland so erfolgreich waren. Kaum eine der Sendungen hat auch nur annähernd etwas damit zu tun, wie die Realität in diesem Land wirklich aussieht.

Kapitel 11
Die giftige Schlange

Mit meiner Frau und unserer Tochter war auch unsere Katze, aus Deutschland, übergesiedelt. Bevor wir uns entschlossen hatten, unsere Katze mit nach Amerika zu nehmen, hatten wir große Bedenken. Wie sollte sich das Tier, welches vier Jahreszeiten kannte, in der Hitze von "Florida" zurechtfinden und wie würde es zurechtkommen, mit Alligatoren, giftigen Schlangen, Gürteltieren, Waschbären und vielen anderen Lebewesen, welche sie nicht aus unserer deutschen Umgebung kannte.

Immer wieder hatte ich meiner Frau gesagt, dass ich nicht daran glaube, dass die Katze mehr als zwei Monate dort überleben würde, bevor sie nicht, von einem Alligator gefressen würde, oder durch einen giftigen Schlangen- oder Spinnenbiss sterben müsste.

Doch meine Frau und unsere Tochter setzen sich durch.

Die Katze kam mit nach "Florida".

Wenigstens hatte sie keine "Greencard" gebraucht!

Außer ein paar obligatorischen Impfungen und einem tierärztlichen Gutachten musste nichts weiter unternommen werden, um die Katze mitnehmen zu können.

Zu Hause, in Deutschland, war die Katze eine "Draußen-Katze", das heißt, sie konnte kommen und gehen, wann immer sie wollte und über Nacht war sie generell im Freien. Doch das Risiko sie gleich am Anfang nach draußen zu lassen, war uns allen zu groß. Um sie an ihre neue Umgebung zu gewöhnen, hielten wir sie, während der ersten vier Wochen, im Haus. Das gefiel ihr ganz und gar nicht. Sie kratzte immer wieder an der Terrassentür, um uns zu zeigen, dass sie nach draußen wollte.

Die Außenterrasse unseres Hauses war mit einem "Lanai" gegen Stechmücken geschützt, das bedeutete, die gesamte Terrassenfläche war mit einer Art Metallkäfig überspannt, an dem feinste Mückengitter befestigt waren. Dies war die einzige Möglichkeit, sich im Sommer im Freien aufzuhalten, ohne von den "Moskitos" förmlich aufgefressen zu werden. So konnte man im Freien sitzen und war doch geschützt vor den blutsaugenden Plagegeistern aus dieser Gegend. Zwar flogen jede Nacht Sprühflugzeuge über die bewohnten Gebiete und versprühten Insektenvernichtungsmittel auf die ganze Landschaft, um diesen Plage-

geistern Herr zu werden, doch es half nur ein wenig, das ganze Übel etwas ein-
zudämmen und ein schlechtes Gefühl hatten wir auch dabei, jedes Mal, wenn wir
das Flugzeug, in der Nacht, hörten und wussten, dass es jetzt wieder tonnenweise
Gift vom Himmel regnen würde.

Gerade wenn es um das Thema Insektenvernichtungsmittel geht, sind die Amerikaner sehr penibel.
Alles muss desinfiziert werden.
Alles muss mit Insektenvernichter besprüht werden.
In der Regel kommt, einmal im Monat, jemand vorbei, der um das gesamte Haus
herum, sowie den Rasen besprüht, um der hohen Anzahl der Insekten Herr zu
werden.
Insbesondere geht es dabei auch um die Vernichtung von "Termiten". Diese
holzfressenden Plagegeister machen sich über alles her, was nicht irgendwie
durch Gift geschützt wird.
Da wir, von unserer Herkunft nicht die Leute waren, die ständig Gift sprühten,
hatten wir natürlich auch versäumt, unseren Postkasten, gegen die Termiten zu
schützen.
Der Postkasten stand am Eingang unserer Auffahrt und war komplett aus Holz.

Das Holz war weiß gestrichenen und so fiel uns lange Zeit nicht auf, dass sich
die Termiten bereits über diesen Leckerbissen hergemacht hatten.

Von innen her fraßen sie einfach den ganzen Holzpfosten auf, der den Postkasten hielt, bis auf die Reste der Farbe, die wir jedes Jahr darauf gestrichen hatten.

Irgendwann war dann das ganze Holz aufgefressen, und als ich unsere Post holen wollte, fiel mir der hohle Pfosten mitsamt dem Kasten entgegen. Man konnte genau sehen, dass er in letzter Zeit, nur noch durch die festgetrocknete Farbe gehalten wurde. Der Holzpfosten selbst war komplett aufgefressen worden.

Erst jetzt verstanden wir etwas mehr, die Angst der Amerikaner, vor Ungeziefer, insbesondere deshalb, weil über 90 Prozent aller Häuser, in den "USA", nach wie vor aus Holz gefertigt werden und die Innenwände eines Hauses generell aus einem Holzgerüst bestehen.

Das bedeutet, der Schutz gegen "Termiten" ist notwendig um nicht über kurz oder lang, von diesen Plagegeistern, das ganze Haus aufgefressen zu bekommen.

Gott sei Dank war unser Haus, in "Florida", wegen der dort immer wiederkehrenden Hurrikans aus Stein gebaut. Deswegen war eine intensive Pestizidbekämpfung, gegen die "Termiten", nicht so dringend notwendig.

Wie bereits gesagt schützte der "Lanai" uns vor entsprechenden Plagegeistern, aber nicht nur vor den Insekten, die keine Chance hatten durch die Gitter zu fliegen, sondern auch vor den Schlangen, die sich regelmäßig in unserem Garten befanden und dort unter den Büschen Schutz suchten.

Nach einiger Zeit ließen wir unsere Katze dann regelmäßig in diesen Bereich des Hauses. So konnte sie etwas von der Außenluft schnuppern, ohne davon zulaufen und sich etwas, mit der Gegend und allem, was sich darin bewegte vertraut machen.

Irgendwann, nach mehreren Wochen, war es dann soweit. Wir ließen die Katze, das erste Mal, ins Freie.

Sie machte einen Satz, über den Zaun unseres Gartens und war verschwunden.

„Oh mein Gott", war unsere Reaktion in diesem Moment.

Wir riefen nach unserer Katze, doch sie kam nicht zurück. Das Einzige, was wir wahrnahmen, war ein Geraschel im Dschungel hinter unserem Gartenzaun. Dies musste nicht zwangsläufig unsere Katze gewesen sein, es konnte, genauso gut, eine große Schlange, ein Leguan oder ein großer Alligator gewesen sein, der das Geräusch verursachte.

Es dauerte gut zwei Stunden, bis unsere Katze plötzlich wieder auftauchte.

„Gott sei Dank, sie hat wenigstens wieder nach Hause gefunden", sagte meine Frau.

„Hoffentlich bekommt sie das auch, mit den anderen Tieren, die hier leben, auf die Reihe", antwortete ich.

Doch nun hatten wir erst einmal ein ganz anderes Problem. Jedes Mal, wenn die Katze wieder ins Haus wollte, begann sie, von außen am Gitternetz des "Lanai" zu kratzen, mit der Folge, dass das Gitternetz Risse bekam und keinen Schutz mehr bot, also erneuert werden musste. Deshalb bekam dann auch die Tür des "Lanai" eine Katzenklappe.

Das Tier hatte nun die Möglichkeit, problemlos von draußen, in den geschützten "Lanai" zu gelangen, welcher ein Sonnendach hatte, dass vor der sengenden Hitze schützte und auch die Terrasse bei den sintflutartigen Regenfällen überdachte.

Der "Lanai" diente unserer Katze aber auch als Schutz vor den "Fregattvögeln", die sich zahlreich in den Palmen unseres Gartens niedergelassen hatten, um dort zu brüten. Scheinbar hatten die Vögel schlechte Erfahrungen mit Katzen gemacht, denn immer wieder, wenn unser Kater, bei Tageslicht, durch den Garten schlich, taten sich die Vögel zu einer Gruppe zusammen und begannen, wie Jagdflieger, einen Angriff auf unsere Katze zu fliegen. Im Tiefflug pickten sie dann der Katze in den Rücken oder in den Kopf, um sich dann, blitzschnell, wieder in die Palmen zurückzuziehen. Die einzige Rettung, vor diesem "Jagdgeschwader", war die Flucht in den geschützten "Lanai". Nur gut, dass die Vögel nicht das ganze Jahr brüteten, so waren diese Angriffe auch nur auf wenige Wochen im Jahr beschränkt.

Doch, dass unser Kater nun ohne Hindernis im "Lanai" ein- und ausgehen konnte, damit gab er sich nicht zufrieden.

Von zu Hause aus war er es gewohnt, dass sowohl das Haus, als auch alles um das Haus sein Territorium war.

Durch wiederholtes Kratzen, am Glas der Terrassentür, machte er uns dann darauf aufmerksam, dass er auch ins Haus hinein und wieder heraus wollte.

Um ihm dies zu ermöglichen, ließen wir so, die Terrassentür, einfach einen Spalt offen stehen, wenn wir zu Hause waren, um die Katze nach drinnen und draußen zu lassen.

Dass dies ein fataler Fehler war, würden wir erst später merken.

Das erste Opfer, welches zu beklagen war, war ein Frosch, der ohne Kopf in unserem "Lanai" abgelegt wurde. Das war nicht weiter dramatisch, da wir solche kleinen Gastgeschenke, von zu Hause aus kannten, die immer wieder auf unserer Terrasse lagen. Es folgten dann Leguane aller Größenordnungen, tot und lebendig. Dass er diese dann lebendig, durch den geöffneten Spalt der Terrassentür, mit ins Haus brachte, um mit ihnen dann Fangen zu spielen, fanden wir schon nicht mehr so lustig.

Nach kurzer Zeit lernte die Katze jedoch, dass sich windende Schlangen noch besser als Spielgefährten eigneten. Das gefiel uns jedoch weniger gut. Immer wieder schleppte sie, die ein oder andere kleine Schlange mit in den "Lanai" ohne sie dabei zu töten und ließ sie dort wieder los, um ihnen anschließend hinterher zu jagen.
Im Laufe der Zeit wurden aus den kleinen Schlangen immer größere.

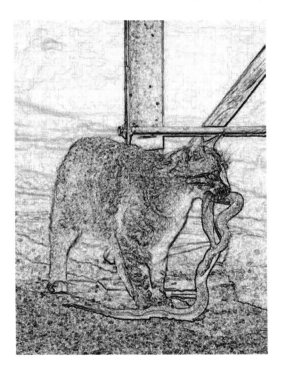

Wie sie es dabei bewerkstelligte, nicht von den Schlangen gebissen zu werden ist uns bis heute nicht klar, denn von zu Hause aus, hatte sie nie die Gelegenheit gehabt, giftigen Schlangen zu begegnen und giftige Schlangen gab es hier jede Menge.

Als besonders gefährlich galt eine Schwarz-gelb-rot geringelte Schlange, die den Namen "Korallenschlange" hatte und deren Biss, nach kurzer Zeit, auch für den Menschen lebensgefährlich sein konnte.

Natürlich achteten wir nicht immer darauf, wenn die Katze durch die Terrassentür hinein huschte und so bekamen wir, manchmal auch nicht mit, dass sie mal wieder eine Schlange, als Spielzeug, mit ins Wohnzimmer gebracht hatte. Erst als sie dann begann, den Schlangen unter den Schränken hinterher zu jagen, versuchten wir, diese unliebsamen Besucher, wieder loszuwerden. In der Regel war dies nicht problematisch, da die Katze, nach kurzer Zeit, das Spiel mit einem tödlichen Biss beendete und wir so nur noch die toten Schlangen entsorgen mussten.

Doch eines Tages sollte dieses Spiel ganz anders ausgehen.

Meine Frau war allein zu Hause und wollte ihre Kleider wechseln. Nun ist es in Amerika so, dass man die Kleider, nicht, wie in Europa üblich, in einem Kleiderschrank aufhängt, sondern in der Regel einen kleinen Raum, neben dem Badezimmer hat, der als begehbarer Kleiderschrank dient. So war es auch in unserm Haus.

Meine Frau öffnete nun die Lamellentür, um in diesen begehbaren Kleiderschrank zu gelangen, als im gleichen Augenblick eine "Korallenschlange" aus dem Schrank hervor kroch.

Die Schlange, die wohl wieder durch unsere Katze ins Haus gebracht worden war, hatte in dem dunklen, begehbaren Raum, ihren Unterschlupf gesucht, und als die Tür aufging, versuchte sie, blitzschnell, nach draußen zu gelangen.

Mit einem Satz hatte sich meine Frau auf unser Bett gerettet, um nicht von der Schlange gebissen zu werden.

Doch nun war guter Rat teuer.

Wie sollte sie dieser Gefahr habhaft werden, ohne ihren sicheren Platz zu verlassen?

Regungslos verharrt sie auf dem Bett und es schoss ihr durch den Kopf, wie oft sie den Kleiderschrank, in letzter Zeit, betreten hatte, ohne zu wissen, dass dort vielleicht eine tödliche Gefahr lauerte. Es war nicht nachvollziehbar, zu welchem Zeitpunkt die Katze, die Schlange, ins Haus gebracht hatte. Sie konnte, gut und gerne, schon mehrere Tage dort gewesen sein.

Nach langem Überlegen machte meine Frau dann einen Satz, aus dem Bett, sprang in das Wohnzimmer und schlug die Schlafzimmertür hinter sich zu, um die Schlange nicht entkommen zu lassen. In der Küche besorgte sie sich eine große Schüssel, um sie dann, über die Schlange stülpen zu können.

Vorsichtig öffnete sie wieder die Tür des Schlafzimmers. Immer noch lag die Schlange direkt vor ihrem Bett. Sie hatte scheinbar nicht gemerkt, dass sich ihr Opfer dort nicht mehr befand. Blitzschnell stülpte meine Frau, die umgedrehte Schüssel, über die Schlange und sperrte sie so ein, dass sie nicht mehr entkommen konnte.

Mit dem Fuß bugsierte sie dann, die umgedrehte Schüssel, mitsamt ihrem Inhalt, bis zur Terrassentür und ließ die Schlange durch die geöffnete Tür in den "Lanai" entweichen.

Noch immer war die Gefahr nicht gebannt, denn nun stellt sich die Frage, wie bekommt sie die Schlange wieder aus dem "Lanai" heraus ohne sich erneut in Gefahr zu begeben. In ihrer Aufregung hatte sie total vergessen, in einer solchen Situation "Fisch and Wildlife" anzurufen, damit diese Organisation sich um das Reptil kümmern würde.

Sie wollte, in ihrer Panik, die sie nun hatte, das Tier so schnell wie möglich loswerden und griff in der Küche nach einer Dose Insektenspray, welche wir im Haus hatten.

Aus einiger Entfernung besprühte sie die Schlange mit dem Inhalt der Dose. Mit dem Erfolg, dass das Insektengift die Atemwege des Reptils verklebte. Nach einiger Zeit lag dann die Schlange regungslos auf unserer Terrasse und meine Frau bugsierte, mit einem langen Besen, das leblose Tier aus dem "Lanai".

Ab diesem Zeitpunkt gab es keine Terrassentür mehr, welche auch nur einen Spalt offen stand. Lieber ertrugen wir das Kratzen, der Katze, an der Glastür, bevor wir diese noch mal offen stehen lassen würden. Jedes Mal wenn die Katze herein wollte, wurde ab jetzt genau nachgeschaut, ob sie nicht irgendwelche unliebsamen Geschenke im Maul hatte.

Unsere Katze hat es schließlich geschafft, ihr ganzes Leben, nie von einer Schlange gebissen zu werden, oder das Opfer eines Alligators oder das irgendeines anderen gefährlichen Lebewesens zu werden.

Wir haben es nie bereut, unsere Katze mit nach Amerika mitgenommen zu haben. Sie musste auch häufig als Tröster, für unsere Tochter herhalten, wenn diese, mal wieder ihre Freunde aus der "alten Welt" vermisste.

Kapitel 12
Fahrschule Papa

Nach eineinhalb Jahren hatten sich meine Frau und unsere Tochter, sehr gut in Amerika eingelebt, während unsere andere Tochter und ich, nach wie vor in Deutschland lebten.

Ich hatte bereits ein Käufer, für unser Haus in Deutschland, gefunden und es dauerte auch nicht mehr lange, bis unsere ältere Tochter ihre Ausbildung hier beenden konnte.

Endlich waren auch wir, kurz vor dem Absprung, in die "Neue Welt".

Inzwischen hatte meine Frau beschlossen, sich eine andere Tätigkeit zu suchen. Sechstagewoche ohne Wochenende und unregelmäßige Schichtarbeit, wollte sie nicht länger ertragen.

Wir überlegten zusammen, welche Richtung sie am besten einschlagen sollte. Die einzigen Unternehmen, die am Wochenende geschlossen waren und eine normale Arbeitszeit, von 8:00 Uhr bis 17:00 Uhr hatten, waren die Banken oder Unternehmen der Regierung und Behörden.

Eine Arbeitsstelle in einer Behörde zu bekommen war jedoch unmöglich. Um einen solchen Platz zu erhalten, musste man amerikanischer Staatsbürger sein und noch immer waren wir deutsche Staatsbürger mit "Greencard". Somit war dieser Weg ausgeschlossen.

Also eine Stelle bei einer Bank!

Doch meine Frau hatte keinerlei Ausbildung, um für eine Bank zu arbeiten, also keine Ausbildung als Bankkauffrau oder in einem anderen kaufmännischen Berufszweig. Doch dies ist, Gott sei Dank, auch heute noch, in Amerika, kein Hinderungsgrund. So viel hatten wir bis dahin gelernt.

Sie bewarb sich also bei den Banken, in unserem näheren Umfeld und bekam auch, nach kurzer Zeit, eine Einladung zu einem Vorstellungsgespräch. Bei diesem Gespräch wurde ihr mitgeteilt, dass sie zuerst einen Test absolvieren müsse, um feststellen zu können, ob sie in der Lage sei, ihre zukünftige Tätigkeit ausüben zu können.

Dieser Test und auch die Bereitschaft in Zukunft dazu zu lernen, war die Grundvoraussetzung, um bei der Bank arbeiten zu können. Was ihr in diesem Moment auch noch zugutekam, waren ihre deutschen Sprachkenntnisse. Wie schon damals bei der Stelle im Hotel musste auch jetzt ein aktueller "Drogentest" vorgelegt werden. Des Weiteren unternahm die Bank einen "Background check", um feststellen zu lassen, ob man nicht, in irgendeiner Weise, gegen das Gesetz verstoßen hatte, oder unangenehm aufgefallen, war. Nur jemand mit blütenweißer Weste wurde für die Bank akzeptiert.

Kurze Zeit später erhielt sie eine Halbtagsstelle bei der Bank.

Ab jetzt arbeitete sie vormittags für die Bank und nachmittags im Hotel. Nach sechs Monaten, mit zwei verschiedenen Arbeitsplätzen, wurde sie dann, auf der Bank, ganztags angestellt.

Endlich gab es regelmäßige Wochenenden, regelmäßige Arbeitszeiten, eine Krankenversicherung und auch eine bessere Bezahlung, wobei ich hier nicht unterschlagen will, dass sie mindestens einmal im Monat auch an einem Samstag arbeiten musste, denn zu diesem Zeitpunkt waren viele Banken bereits dazu übergegangen, auch am Samstagvormittag Kundenservice anzubieten. In neuerer Zeit sind viele Banken in Amerika, wie alle anderen Geschäfte auch, dazu übergegangen auch samstags und sonntags geöffnet zu haben.

Zu diesem Zeitpunkt war auch der Termin gekommen, an welchem unsere ältere Tochter und ich Deutschland endgültig den Rücken kehrten.

Fast alles, was wir dort besaßen, hatten wir verkauft, weil wir nichts mitnehmen konnten. Das Haus in Amerika war bereits eingerichtet, sodass unsere deutschen Möbel gar keinen Platz mehr gehabt hätten. Elektronische Geräte aus Europa funktionieren in Amerika nicht wegen der Stromspannung. Bis auf ein paar Bücher, unsere Kleider und einige persönliche Gegenstände, hatten wir sonst alles in Deutschland zurückgelassen und verkauft.

Auch wir mussten, nach dem Eintreffen in die "USA", innerhalb von dreißig Tagen, die Prüfung für den amerikanischen Führerschein, also die "Drivers-License" ablegen. Inzwischen waren uns jedoch die Prozeduren und alles, was wir wissen mussten, bereits relativ gut bekannt, sodass wir keine großen Probleme damit hatten.

Die Einzige, die jedoch auf einmal, auf angestammte Rechte verzichten musste, war unsere älteste Tochter. Sie war zu diesem Zeitpunkt fast zwanzig Jahre alt und in Deutschland volljährig, ebenso auch in Amerika, doch mit der Einschränkung, dass sie hier in den "Vereinigten Staaten" noch keinen Alkohol trinken durfte, was speziell in ihrem neuen Führerschein vermerkt wurde, denn Alkohol gibt es, trotz Volljährigkeit, erst ab 21 Jahren. Eine Diskussion über die Unsinnigkeit dieser Regelung half ihr jedoch auch nichts und sie musste sich daran gewöhnen, dass sie sich von nun an, an die amerikanischen Vorschriften halten musste. Ebenso war es ihr nicht mehr gestattet ein Auto anzumieten, bevor sie das 21. Lebensjahr erreicht hat.

Unsere jüngste Tochter wurde in diesem Jahr sechzehn Jahre alt und es war die Zeit gekommen auch mit ihr zu üben, um einen Führerschein zu bekommen. In "Florida" war es zwar möglich, bereits mit fünfzehn Jahren den Führerschein zu erhalten, doch sie selbst fand sich noch etwas zu jung, zu diesem Zeitpunkt, auch hätte ich dann keine Gelegenheit gehabt, ihr dabei zu helfen.

Anders als in Europa ist für einen amerikanischen Führerschein keine Fahrschule vorgeschrieben. Ein Erwachsener, mit mehr als fünf Jahren Fahrpraxis, hat das Recht, seinen Kindern, das Fahren im öffentlichen Straßenverkehr, beizubringen. Notwendig ist ein Antrag bei der Zulassungsbehörde, in welchem geregelt ist, das der Fahrschüler, nur in Begleitung eines Erwachsenen, mit entsprechender Fahrpraxis, ein Fahrzeug bewegen darf. Es muss kein spezielles Fahrzeug sein, man kann einfach sein eigenes Auto benutzen, mit dem man sonst unterwegs ist. Gesagt, getan!

Unsere Tochter setzte sich auf den Fahrersitz und ich mich daneben und wir begannen, auf der Straße in unserer "Gated Community", auf welcher meistens kaum Verkehr herrschte, unsere ersten Übungen zu absolvieren.
Irgendwann, einige Tage später, trauten wir uns dann auch in den öffentlichen Verkehr.
Immer eine Hand an der Handbremse!
Zu Anfang war mir das Ganze doch etwas mulmig, denn hatte ich, außer der Handbremse, keine Möglichkeit, in irgendeinem Falle, einzugreifen. Ich hatte nicht, wie in Deutschland in einem Fahrschulauto, meine eigene Bremse oder Pedale, um eventuell im Notfall reagieren zu können.

Doch auf diese Weise lernt nun mal ein Amerikaner das Autofahren. Wir übten so lange, auf diese Art und Weise, bis sich unsere Tochter sicher genug fühlte, die Fahrprüfung zu absolvieren.
Eine Fahrstundenanzahl, Nachtfahrten, Autobahnfahrten oder Ähnliches sind dabei nicht vorgeschrieben.

Um ihr das Fahren, später alleine, etwas sicher zu machen, beschlossen wir, bereits vor der Führerscheinprüfung, das Auto zu kaufen, für welches sie sich entschieden hatte. Das gab uns nun die Gelegenheit einige Trainingsstunden auf ihrem zukünftigen Fahrzeug zu absolvieren. So hatte sie in Ruhe Zeit, sich mit ihrem späteren Gefährt vertraut zu machen.

Zuerst musste sie, wie wir alle, einen Sehtest und die theoretische Prüfung absolvieren. Nachdem diese Dinge erfolgreich bestanden waren, ging es zur praktischen Prüfung. Diese fand, wiederum, im privaten PKW statt. Mit ihrem eigenen Auto fuhr sie selbst, mit mir an der Seite zur Führerscheinstelle, wo wir den Wagen vor dem Gebäude parken und darauf warteten, bis die Prüfung anstand.
Der Prüfer setzte sich neben unsere Tochter in ihr Auto und ab ging die Fahrt. Ich blieb zurück und musste darauf warten, ob meine Fahrstunden erfolgreich waren.
Nach einigen Runden in der Stadt und einigen Tests, ob sie das Fahrzeug und den Verkehr beherrschte, waren sie wieder zurück und sie bekam ihre Fahrerlaubnis.
Diese ist allerdings, im ersten Jahr beschränkt. Das bedeutet, das Fahren ist dem Fahranfänger nur am Tage gestattet. Nach Einbruch der Dunkelheit muss der Wagen, bis zum Morgengrauen stehen bleiben, es sei denn ein Erwachsener, mit mindestens fünf Jahren Fahrpraxis, ist mit dabei.
Das Ganze nennt sich dann "vorläufiger Führerschein".
Die endgültige Fahrerlaubnis erhält man, wenn man das erste Jahr, ohne Unfälle und andere Zwischenfälle einwandfrei absolviert hat. Ab diesem Zeitpunkt gilt die Fahrerlaubnis erst einmal für fünf Jahre und wird danach auf zehn Jahre verlängert, sofern man keine schwerwiegenden Verkehrsvergehen begangen hat.

Im Nachhinein bin ich sehr stolz, unserer Tochter das Fahren beigebracht zu haben, und zwar so, dass sie, bis zum heutigen Zeitpunkt, nicht selbst verschuldet, in einen Unfall verwickelt war.
Der ganze Führerschein hatte in diesem Falle, noch nicht einmal hundert Dollar gekostet. Außer den obligatorischen zwanzig Dollar für die Ausstellung eines Führerscheines, sowie die Gebühren für den Antrag, die theoretische und praktische Prüfung, gab es keine weiteren Kosten.
Wer das gar nicht lustig fand, war hingegen unsere älteste Tochter. Sie hatte gerade zwei Jahre zuvor, mit 18 Jahren, in Deutschland, sehr viel Geld dafür bezahlt, um ein Auto steuern zu dürfen.

Kapitel 13
Alligatoren und andere unliebsame Besucher

Ein weiteres Erlebnis, mit gefährlichen Tieren, gab es dann, kurze Zeit später, mit unserer jüngsten Tochter.

An diesem Nachmittag war sie alleine zu Hause und unsere Katze suchte im Garten nach krabbelndem Spielzeug. Aus dem Wohnzimmerfenster heraus beobachtete unsere Tochter, wie sich ein etwa drei Meter langer Alligator, langsam, auf unsere Katze, im Garten zubewegte.

Wie in aller Welt konnte das Reptil hierher gelangen?
Der ganze Garten war, durch einen zwei Meter hohen Holzzaun, von der Umgebung und der dahinterliegenden Wildnis abgetrennt. Es gab auch kein Loch unter dem Zaun, durch welches der Alligator hätte, in den Garten kriechen können.
Ohne über die Gefahren für sich nachzudenken, sprang unsere Tochter in den Garten und rettete, mit einem Satz, ihre geliebte Katze, vor dem Zugriff des Reptils.
Erst danach telefonierte sie mit meiner Frau, in der Bank und berichtete über das ungewöhnliche Tier in unserem Garten. Meine Frau alarmierte daraufhin unsere Nachbarn, die als Rentner meistens zu Hause waren, um unserer Tochter Hilfestellung zu geben. Diese riefen sofort die Behörde "Fish and Wildlife" an, damit sich jemand auf den Weg machte, dieses gefräßige Tier einzufangen.

Währenddessen beobachteten unsere Tochter und unsere Nachbarn, aus dem sicheren "Lanai" heraus, was als Nächstes geschehen würde. Mit lauten Rufen versuchten sie, das Tier zu vertreiben und was keiner erwartet hatte, das riesige Tier kletterte am Gartenzaun nach oben und verschwand im Vorgarten, in Richtung Privatstraße. Dort sprang das Reptil, in einer Geschwindigkeit über die Straße, die jeden "Leichtathletik-Sprinter" Konkurrenz machen würde.

Knapp eine Viertelstunde später waren dann zwei Beamte, von "Fish and Wildlife", zur Stelle, welche das Tier einfingen.

Das Reptil darf in diesem Falle nicht getötet werden, da es niemanden verletzt hat. Es muss anschließend wieder in die Freiheit entlassen werden.

Hoffentlich nicht hinter unserem Haus!.

Vorfälle dieser Art gehören, in "Florida", zum alltäglichen Tagesgeschehen. Besonders gefährdet für Alligatorenangriffe sind in diesem Fall Kinder, unter drei Jahren, Hunde, Katzen und andere kleinere Haustiere.

Alligatoren sind für eine große Anzahl von Todesfällen in "Florida" verantwortlich und im Nachhinein müssen wir zugeben, dass das Verhalten unserer Tochter, um ihren geliebten Kater zu retten, mehr als unverantwortlich war und auch tragisch hätte enden können. Hätte sich das Tier, in dieser Situation, angegriffen gefühlt, so wäre es sicherlich selbst zum Angriff übergegangen, und wie schnell die Tiere auch auf dem Land sind, konnten wir ja mit eigenen Augen sehen. Die Wunden, die bei so einem Angriff entstehen, enden in der Regel tödlich oder mit dem Verlust von Gliedmaßen.

Es war also immer Vorsicht geboten, wenn wir uns, in unserem Garten, außerhalb des "Lanai" bewegten. Nicht immer war die Gefahr so eindeutig zu sehen, wie im vorangegangenen Fall.

Außer giftigen Korallenschlangen gab es noch andere giftige Arten, insbesondere Klapperschlangen. Als Faustregel galt: "Einfarbige sind ungiftig, mehrfarbige oft giftig".

So konnte es auch schon mal passieren, das man beim Rasenmähen oder Büsche schneiden, das typische Geräusch einer Klapperschlange wahrnahm. In diesem Falle waren wir mit schnellen Schritten in unseren "Lanai" verschwunden und warteten erst einmal ab, ob etwas zu sehen war. Auch wenn wir häufig nicht feststellen konnten, wo die Gefahr lauerte, musste man sich nach einiger Zeit wieder aus seinem Unterschlupf trauen, um den Rest der Arbeit zu erledigen.

Andere meist unsichtbare, unangenehme Zeitgenossen sind die Spinnen, die sich überall in der tropischen Vegetation ihre Nester einrichten. Zwar stirbt man nicht gleich, an einem Spinnenbiss, doch diese können sehr schmerzhafte Folgen haben. Diese Erfahrung musste ich machen, als ich das Wasser, für den Gartenschlauch, abdrehen wollte und dabei wohl einem dieser Zeitgenossen zu nahe gekommen bin. Der Biss, in meine große Zehe, fühlte sich im ersten Moment, wie ein Wespenstich an, doch vergeht der Schmerz danach nicht so schnell wie bei einer Wespe. Ganz im Gegenteil. Meine Zehe schwoll sichtbar an und wurde schwarz-blau. Ich konnte für mehrere Wochen kaum noch auftreten, geschweige denn, einen normalen Schuh anziehen.

Andere bissige Zeitgenossen sind Gürteltiere und Waschbären. Mit ihren Zähnen und Krallen sollte man besser keine Bekanntschaft machen. Das Problem mit den Waschbären ist zudem, dass sie äußerst schlau sind und sehr schnell erkennen, wie sie an ihr Ziel gelangen.
In unserem "Lanai", hatten wir einen Gartentisch mit Stühlen stehen, an welchem wir, in der Winterzeit, wenn es erträglich war, sich von der Temperatur her draußen aufzuhalten, gerne unser Essen einnahmen. Im Sommer, während der tropischen Hitze war das unmöglich.

Wie so oft deckten wir nun draußen unseren Frühstückstisch, ohne zu bemerken, dass "Freund Waschbär" uns wohl schon öfters dabei beobachtet haben muss. Er musste sich gemerkt haben, dass wir immer wieder Lebensmittel hinaustrugen, um dann für kurze Zeit wieder im Haus zu verschwinden. Niemals wären wir auf die Idee gekommen, dass der Waschbär sich an unserer Frühstückstafel bedienen würde. Immerhin saßen wir, wie wir dachten, geschützt in unserem "Lanai". Doch das Tier hatte nicht nur beobachtet, dass wir immer wieder Essbares dort abstellten, sondern auch, wie unsere Katze, durch die Katzenklappe, von draußen in den "Lanai" gelangte. Dieses Wissen machte er sich nun zunutze und zwängte sich, während wir in der Küche waren, um den Kaffee zu holen, durch die Katzenklappe. Ruck zuck saß er an unserem gedeckten Frühstückstisch und bediente sich nach Belieben solange, bis wir mit dem Kaffee zurück waren.
Mit seinen großen runden Augen schaute er uns ungläubig an, so als wollte er sagen: „Was wollt ihr denn schon hier?"
Dann griff er sich, noch im Verschwinden, schnell ein Brötchen und war blitzschnell wieder, durch die Katzenklappe, zum nahen, schützenden Gebüsch geeilt.
Was lernten wir daraus?

Essen, draußen im "Lanai", gab es jetzt nur noch, wenn vorher die Katzenklappe verschlossen wurde und auch der Futternapf unserer Katze stand zukünftig innerhalb des Hauses und nicht mehr draußen. Wir hatten uns schon gewundert, dass unsere Katze, in den letzten Tagen, ihren Napf immer so blank ausgeleckt hatte, wo sie doch sonst nie so einen Appetit zeigte.

Da wir uns nun schon mit allen möglichen Plagegeistern beschäftigt haben, will ich auch die nicht vergessen, die uns in "Hundertschaften" besuchten.
Unsere Freunde, die Ameisen.

Wir hatten hier in "Florida", mit zwei verschiedenen Gattungen dieser Plagegeister zu tun. Da waren zum einen die ganz winzigen, welche es schafften, auch durch die noch so kleinste Ritze ins Haus zu gelangen. Sie überfielen uns immer dann, wenn wir mal vergessen hatten, das schmutzige Geschirr in die Spülmaschine zu räumen, oder vielleicht den restlichen Kuchen, von der letzten Party nicht innerhalb von zwanzig Minuten wieder zurück in den Kühlschrank geräumt hatten. Man konnte förmlich die Uhr danach stellen. Es dauerte keine dreißig Minuten, wenn man etwas stehen gelassen hatte, bis die "Armee der Resteverwerter" angerückt war. Zu Hunderten kamen sie, woher auch immer, auf kürzestem Wege zu ihrem Ziel.
Selbst wenn sich einmal ein kleiner Leguan, in unser Haus verirrte und dort elendig, wegen Nahrungsmangel starb, war die "Armee der Resteverwerter", augenblicklich zur Stelle.
Ich kann ihnen nicht sagen, wer diesen Plagegeistern immer den Tipp gegeben hat, dass mal wieder was Essbares herumliegt, aber sie haben es immer gefunden, in kürzester Zeit. Das einzige Mittel dagegen war, nichts mehr liegen zu lassen.

Die andere Gattung der Ameisen, die uns zu schaffen machte, waren die "Feuerameisen". So genannt, weil ihr Biss, beziehungsweise die Säure, die sie versprühten, wie Feuer brennt, wenn man damit in Berührung kommt. Gott sei Dank halten sie sich in der Regel draußen auf und haben auch keinen guten "Geheimdienst", der ihnen verrät wo es etwas zu Essen gibt. Aber sie sind Weltmeister im Verstecken. In jeder Ecke, wo sich auch nur ein Hauch von Feuchtigkeit ansammelt, sei es nur ein heruntergefallenes Blatt, unter dem sich die Feuchtigkeit des letzten Regens noch etwas hält, sind sie zu finden. Unter Blumentöpfen, unter der Abdeckplane des Whirlpools, unter dem Handtuch, welches man versehentlich über Nacht draußen liegen ließ oder einfach nur im Gras, nachdem es etwas geregnet hat. Überall sind sie zu finden, und sie hassen es, wenn man sie dabei entdeckt. Innerhalb weniger Sekunden starten sie ihren Angriff, entweder auf die Hand, die das Blatt gerade umgedreht hat, oder den Fuß, in den offenen Schuhen, der gerade durch das Gras geht.

Im ersten Moment tut es gar nicht mal so weh und man schlägt die lästigen Kriecher einfach weg, doch einige Stunden später, wird man dann, umso mehr, an die Begegnung erinnert. Jede Stelle am Körper, die mit der Ameise in Berührung kam, beginnt nun anzuschwellen. Da man niemals eine alleine angetroffen hat, bilden sich auf den Händen oder Füssen, oder auch gern an den Knöcheln, massenhaft kleiner Bläschen, die sich mit einer juckenden Flüssigkeit füllen und einem für die nächsten zwei bis drei Tage, etwas unruhiger schlafen lassen, da man ständig damit beschäftigt sein wird, sich an diesen Stellen zu kratzen.

Was lernten wir nun aus all diesen Geschichten?

Gartenarbeit, auch bei 38 Grad im Schatten und 98 prozentiger Luftfeuchtigkeit, sollen man nur mit geschlossenen Schuhen, hohen Socken, langen Hosen, einem Hemd und Handschuhen erledigen.

Kapitel 14
Alles sauber und ordentlich

Kaum waren wir als Familie endlich wieder vereint und lebten jetzt alle, endgültig in Amerika, als eines Tages ein Brief, in meinem Briefkasten, landete.
In diesem Brief wurden wir aufgefordert, unser Hausdach zu reinigen.

„Seit wann, muss man denn das Dach eines Hauses waschen?", dachten wir.
Doch unsere Nachbarn klärten uns, in dieser Sache, auf.
„Wir leben nun einmal in einer "Gated Community" und da muss immer alles sauber und ordentlich sein", bekamen wir als Antwort.
So sauber und ordentlich eben, wie es die Community vorschreibt.
Das Gras muss ordentlich gemäht sein.
Der Rasen muss regelmäßig gewässert werden (auch wenn es regnet).
Bäume und Hecken dürfen nicht alles andere überwuchern.
Der Postkasten muss, den vorgeschriebenen Normen entsprechen.
Die Mülltonne darf nicht sichtbar vor dem Haus stehen und erst am Abend vorher, bei Dunkelheit, für die Abholung, am nächsten Tag, herausgestellt werden.
Autos dürfen nur auf der Auffahrt oder in der Garage geparkt werden, nicht am Straßenrand.
Die Außenfassade und das Dach haben immer blitz blank auszusehen.

Das ist natürlich, gerade in "Florida", ein Ding der Unmöglichkeit. Durch die hohe Luftfeuchtigkeit, die das ganze Jahr herrscht, bildet sich ein schwarzer Belag auf allem, was sich außerhalb des Hauses befindet, ob das die Gartenmöbel sind, die Garagenauffahrt oder eben auch das Dach und die Außenwände des Hauses. Alles wird, irgendwann, mit einer grauschwarzen Schicht überzogen sein, die nicht ohne erheblichen Aufwand zu entfernen ist. Die Sache ist nicht einfach mit Wasser und Seife abzuwaschen. Das Zeug haftet auf allen Oberflächen, wie aufgepinselte Farbe.

Unser hellgraues Dach, und unsere weiße Außenfassade hatten in den letzten Jahren ihre Farben geändert. Das Dach war durch die Ablagerung fast schwarz geworden und die weiße Außenfassade schimmerte in einem rötlichen grau.
Jetzt stellte sich die Frage, wie bekommen wir diesen Belag wieder weg?

„Dazu brauchst du einen Dampfstrahler", klärte mich mein Nachbar auf, „nur mit einem Hochdruckreiniger bist du in der Lage, die Fläche Stück für Stück zu säubern".

„Und wie soll ich das mit dem Dach machen?", fragte ich.

„Hochklettern und sauber machen", war die Antwort.

Wir kauften uns also einen Hochdruckreiniger, den wir an unseren Gartenschlauch anschließen konnten.

Zuerst versuchten wir unser Glück an unseren Gartenmöbeln. Das ging auch relativ einfach und sehr schnell kam die ursprüngliche Farbe wieder hervor. Jedoch nur dort, wo die Farbe noch keine alten Risse hatte. An jeder Stelle, wo die Farbe auch nur ein wenig gelitten hatte, war sie genauso schnell verschwunden, wie der graue Belag, der sie überzogen hatte.

Von wegen schnell, schnell mal die Gartenmöbel sauber machen, war also ein Traum. Sie waren zwar, nach der Behandlung mit dem Hochdruckreiniger blitz sauber, aber ohne neuen Anstrich sahen sie jetzt fleckiger aus als zuvor.

Den nächsten Versuch unternahmen wir mit unserer Garagenauffahrt. Auch sie war ursprünglich aus hellgrauem Beton, wie unsere Ziegeln auf dem Dach und inzwischen ziemlich dunkelgrau geworden. Erst jetzt wurde uns klar, wie langwierig die ganze Sache sein würde. Um die dunkelgraue Schicht zu entfernen, musste man die Spitze der Sprühlanze etwa fünf Zentimeter entfernt, von der Oberfläche, halten. Sobald man weiter weg war, reichte der Druck des Dampfstrahlers nicht mehr aus, den Belag zu entfernen. Dies hatte zur Folge, dass auch der Reinigungsstrahl immer schmaler wurde, je näher man mit der Düse an die zu behandelnde Fläche kam. So war der Streifen, den wir pro Bahn säuberten, auch mal gerade fünf Zentimeter breit.

Alleine für die Auffahrt brauchten wir, auf diese Weise, fast drei Stunden.

Das Dach war also nur an einem Tag zu schaffen, wenn ich bei Sonnenaufgang damit anfing und bis zum Tagesende arbeitete.

Am darauf folgenden Samstag schaffte ich das Gerät auf das Dach und schloss es an die Wasserleitung an. Zur Sicherheit positionierte sich meine Frau im Garten, an eine Stelle, von der aus sie mich die ganze Zeit beobachten konnte, für den

Fall, dass ich vom Dach stürzte, um schnellstmöglich den Notruf alarmieren zu können.

Als ich dann erstmals auf dem schrägen Dach stand und die erste Fläche, mit dem Hochdruckreiniger behandelt hatte, bemerkte ich, dass dieser dunkelgraue Belag erst richtig glitschig wurde, wenn er mit Wasser in Berührung kam, ähnlich wie etwa ein Algenteppich, der einen Stein überzieht, welcher knapp unter der Wasseroberfläche liegt.

Das machte die ganze Sache noch etwas pikanter.

Ich stieg also, mit meinen Flipflopsandalen, wieder vom Dach herunter, um Schuhe mit etwas mehr Halt anzuziehen, um wenigstens etwas Haftung, auf dem glitschigen Dach zu haben.

Was ich dabei jedoch nicht bedacht hatte, waren lange Hosen und ein Hemd anzuziehen und einen Hut aufzusetzen.

Durch die Arbeit, mit dem Hochdruckreiniger, war ich die ganze Zeit, während ich das Dach reinigte, in einem feinen Sprühnebel, von Wasser, eingehüllt, was natürlich dazu führte, dass die ohnehin schon enorme Sonneneinstrahlung, die hier in "Florida" herrscht, noch verstärkt wurde. Während der Arbeit empfand ich diesen Wassernebel sogar als angenehm, da er einem schön abkühlte in der Tropenhitze.

Nach einem Tag Arbeit, bei dem ich mich Zentimeter für Zentimeter vorwärts gearbeitet hatte, war zwar anschließend das hellgraue Dach wieder sauber, wie am ersten Tag, doch meine Haut war dafür, im Gegenzug, knallrot geworden.

Ich hatte mir gerade, den schlimmsten Sonnenbrand meines Lebens eingehandelt.

Gleichzeitig war ich auch zu dem Entschluss gekommen, diese Arbeit nie wieder auf eigene Faust zu tun. In Zukunft würde für diese Arbeit jemand engagiert und bezahlt werden, denn diese Reinigung des Daches steht ungefähr alle zwei Jahre einmal an und wie gesagt, ist nicht nur das Dach davon betroffen, sondern auch alle Außenwände und alle möglichen Geräte, die sich draußen befinden, also nichts, was in ein paar Minuten erledigt werden könnte.

Ich habe nichts gegen ein sauberes Dach und sauberer Wände, aber manchmal mussten wir schon den Kopf schütteln, um zu sehen, was die Amerikaner so anstellen, um alles schön und anständig aussehen zu lassen.

Die Straße, die vor unserem Haus vorbeiführte, war im Laufe der Jahre ein wenig verblasst. Die schwarze Farbe des Asphalts war durch die Sonneneinstrahlung, in ein dunkles Grau verwandelt worden.

Dies entsprach jedoch nicht mehr dem ästhetischen Empfinden unserer Community.

Also wurde die Straße, Stück für Stück, gesperrt und Sie werden es kaum glauben, mit schwarzer Farbe angestrichen.

Anstatt die Unebenheiten in der Straße auszubessern, welche über die Jahre entstanden waren und eine dünne, neue Teerschicht darüber zu legen, wurde einfach die hellgraue Teerschicht schwarz gestrichenen, damit das Ganze wieder so aussieht, wie es durch die Community vorgeschrieben wurde.
Wir trauten unseren Augen kaum, als wir dieses Schauspiel verfolgten.

Diese Prozedur hatte dann auch zur Folge, nachdem die Straße wieder freigegeben wurde und man sein Auto, zu Hause in die Garage fuhr, dass nun dunkle Streifen auf der hellgrauen Auffahrt zu sehen waren, die von der Farbe der Straße herrührten. Dies entsprach nun auch nicht mehr, dem ästhetischem Empfinden der Community und man wurde, wieder per Brief, aufgefordert die Auffahrt entsprechend zu reinigen.

Ich weiß, die ganze Sache klingt für Sie, als Europäer, sehr unglaubwürdig aber glauben Sie mir, es ist tatsächlich so und inzwischen haben wir uns hier, an solche Verrücktheiten gewöhnt.

Kapitel 15
Ein Auto umbauen

Nachdem ich mich nun endgültig in den "Vereinigten Staaten" niedergelassen hatte, wurde es nötig, mir ein eigenes Auto zuzulegen.

Meine Frau hatte schon lange unseren alten "Pontiac" verkauft und sich ein neues, wesentlich kleineres Auto zugelegt, in welchem jetzt auch die Klimaanlage funktionierte, ein Zubehör, welches, wie wir festgestellt haben, in "Florida" unverzichtbar ist.

Da wir nun schon eine normale Limousine besaßen, hatte ich mich dazu entschlossen, mir einen "Fun-Car" zuzulegen. Ich ging also zu einem "Jeep" Händler und kaufte mir einen "Jeep Wrangler".

Zuerst ließ ich mir, bei der Zulassungsstelle ein Nummernschild geben, welches aus der Buchstabenkombination meines Nachnamens **"JUNG"** bestand. Dies ist in Amerika überhaupt kein Problem, sofern diese Buchstabenkombination oder Zahlenkombination nicht bereits durch einen anderen Verkehrsteilnehmer belegt ist.

Doch bei diesem Extra sollte es, im Laufe der Zeit, nicht bleiben.

Da es in Amerika, oder besser gesagt in "Florida", keinen "TÜV", oder irgendeine andere Behörde gibt, die kontrolliert in welchem Zustand das Fahrzeug ist, oder in welcher Art es verändert wird, gibt es allerlei Möglichkeiten, das Erscheinungsbild sowie das Fahrverhalten, des Fahrzeuges, dramatisch zu verändern.

Danach schraubte ich die Türen an dem Fahrzeug ab. Türen brauchte ich bei dem Wetter keine und sie waren auch nicht gesetzlich vorgeschrieben. Als Nächstes bekam der Wagen einen überdimensionalen Stoßfänger aus Chrom und entsprechend verchromte Zubehörteile. Dann ließ ich das ganze Chassis um etwa fünfzehn Zentimeter nach oben verlegen und verpasste dem Auto überdimensional große Reifen, was zur Folge hatte, dass nun auch die Kotflügel verbreitert werden mussten.

Bei dem ganzen Umbau hatte ich jedoch nicht bedacht, dass durch die größeren Reifen mein Tacho nun eine ganz andere Geschwindigkeit anzeigte, da ich jetzt bei einer Umdrehung der Reifen, einen viel größeren Weg zurücklegte als vorher, mit den kleinen Werksreifen. Deshalb zeigte nun mein Tacho, immer erheblich weniger Geschwindigkeit an, als ich tatsächlich fuhr. Doch dies machte mir recht wenig aus, ab sofort, schätzte ich einfach die Geschwindigkeit, denn es war nicht vorgeschrieben, dass ich das zu ändern hätte.

Da das Auto nun so hoch war, das ich auf normalem Wege nicht mehr einsteigen konnte, mussten an den Seiten Bügel angebracht werden, die als Einstiegshilfe fungierten, ansonsten wäre man ohne eine kleine Trittleiter, nicht mehr in den Wagen gekommen.
Dass sich meine Fahrlichter nun in einer Höhle befanden, die jedem anderen Verkehrsteilnehmer direkt ins Gesicht leuchteten, störten weder mich noch die Behörden, denn mein Auto war nicht das Einzige, welches auf diese Art und Weise, verändert wurde.

Nichts, was ich an diesem Fahrzeug verändert hatte, musste ich, in irgendeiner Form, eintragen oder registrieren lassen. Ich habe die Teile, in der Regel, einfach selbst angeschraubt oder abmontiert und das war's.

Gestört hat es niemanden.

Mein Fahrzeug war bei Weitem, nicht das Außergewöhnlichste, welches sich im Straßenverkehr bewegte.

Wie gesagt, gibt es keine Behörde, die Veränderungen überwacht, oder Fahrzeuge aus dem Verkehr zieht, die eventuell nicht mehr ganz verkehrstauglich sind. Solange die Lichter funktionieren, die Blinklichter, die Bremsen und das Steuer, ist es egal, was auf der Straße fährt.

So kann es schon mal vorkommen, dass man unterwegs Fahrzeuge trifft, die aussehen, als hätten sie die letzten dreißig Jahre auf einem Schrottplatz gestanden.

Fehlende Türen oder Fenster werden einfach durch handelsübliche Bretter, aus dem Baumarkt, ersetzt und an der Karosserie festgeschraubt. Manchmal dient auch einfach eine Plastikfolie, die mit Klebeband am Rahmen festgemacht wurde, als Fenster.

Hauptsache es regnet nicht rein.

Dies führt dann auch dazu, dass manch einer, zur Weihnachtszeit, sein Fahrzeug entsprechend dekoriert und umgestaltet. So fanden wir es schon gar nicht mehr komisch, ein Fahrzeug zu sehen, auf dem Dutzende von Spielfiguren festgeklebt waren, das rundherum mit Weihnachtsbeleuchtung ausgestattet war und auf dem Kofferraum ein Weihnachtskranz prangte.

Wir würden uns auch heute nicht mehr wundern, ein Fahrzeug zu sehen, auf dem eventuell eine Weihnachtskrippe auf dem Dach montiert ist. Niemand nimmt an solchen Kuriositäten wirklich Anstoß, sofern die Dinge so angebracht sind, dass sie nicht einfach davon fliegen.

Der einzige Nachteil, den mein Umbau, an meinem Fahrzeug mit sich zog, war die Tatsache, dass durch das enorme Gewicht der Teile, die ich anmontiert hatte und durch den Reibungswiderstand der riesigen Reifen, das Fahrzeug kaum noch in der Lage war, die erlaubten 55 Meilen Höchstgeschwindigkeit zu erreichen. Der werkseigene Motor war gar nicht darauf ausgelegt, ein solches Gewicht über die Straße zu transportieren. Da ich mich aber, in der Regel, nur in der Stadt bewegte und mit dem Fahrzeug keine größeren Fahrten erledigte, macht mir das Ganze nur wenig aus.

Die Einzige, denen das Erscheinungsbild meines Fahrzeuges nicht passte, war die Verwaltung unserer "Gated-Community"., denn nun passte das Ding, mit seinem Aussehen, nicht mehr in das adrette Straßenbild, dass sich die Gesellschaft vorstellte.

Gott sei Dank, konnte ich das Fahrzeug aber in unserer Garage parken und vermied so, einen weiteren Brief von unserer Community zu erhalten.

Dass das Fahrzeug, im wirklichen Leben, vor allen Dingen in Bezug auf eine Berufsausübung, absolut unpraktisch war, stellte ich dann sehr schnell fest und es dauerte nicht allzu lange, bis der verrückte Umbau, wieder einer normalen Limousine gewichen war.

Zu diesem Thema will ich jedoch abschließend noch erwähnen, dass heutzutage nicht mehr alle Staaten, in den "USA", diese eigenwilligen Umbauten zulassen und Fahrzeuge dieser Art aus dem Verkehr ziehen. Insbesondere im Bereich der Abgaswerte haben "Kalifornien" und "North Carolina", strenge Richtlinien erlassen und das Fahrzeug muss in diesen Staaten dann auch regelmäßig bei der Behörde vorgeführt werden. Natürlich können diese Staaten nichts dagegen unternehmen, wenn man mit seinem Umbau, dort auf deren Straßen fährt, sofern man das Fahrzeug in einem Staat zugelassen hat, der solche Regeln nicht kennt.

Gerade der Staat "Kalifornien", der eigentlich in unseren Köpfen, für die grenzenlose Freiheit steht, ist hier der Vorreiter aller Staaten, wenn es um Reglementierungen geht. Dies betrifft nicht nur die Welt der Fahrzeuge, sondern auch alle anderen Dinge des Lebens. Selbst unser "Alt-Europäer", "Arnold Schwarzenegger", hatte sich, zu der Zeit, in welcher er Gouverneur von "Kalifornien" war, auf die Fahnen geschrieben, seinen Staat so umweltbewusst wie möglich zu gestalten.
Also auch hier gibt es Ansätze Dinge zu ändern und durch neue Gesetze zu regeln, doch ist dies hier in Amerika, bedeutend schwerer, Gesetze durchzubringen, die in allen Bundesstaaten gelten.

Nach wie vor haben die einzelnen Staaten, die Gesetzeshoheit innerhalb ihrer Grenzen und daran ist auch wenig zu rütteln. Deshalb kommt es auch vor, dass man in einem Staat nur sechs Prozent "Sales tax", also Mehrwertsteuer bezahlt und in einem anderen Staat plötzlich neun Prozent.

Doch manchmal hat das auch etwas Gutes, und zwar dann, wenn man an der Grenze zu einem anderen Staat wohnt. Dieser andere Staat, darf einem nämlich keine "Sales tax" berechnen, wenn man in einem Geschäft einkauft, das keine Niederlassung im eigenen Staat hat. Besonders beim Kauf eines neuen Autos macht sich so etwas bezahlt. Man geht zu einem Händler, der keine Niederlassung im eigenen Staat hat, und kauft dort einen Wagen, die neun Prozent Mehrwertsteuer wird erlassen, da man ja aus einem anderen Staat ist. In dem Moment, wo man dann seinen neuen Wagen im eigenen Staat zulässt, knöpft dieser einem natürlich wieder die Mehrwertsteuer ab. Aber der Unterschied kann so schon schnell mal einige Prozentpunkte betragen.

Auch als Europäer kommt man an dem Thema "Sales-Tax" nicht vorbei, auch wenn man die "USA" nur bereist.
Zu Hause sind Sie es gewohnt, dass ein Artikel seinen ausgezeichneten Preis hat, den Sie an der Kasse bezahlen. Die Mehrwertsteuer ist bereits, im ausgezeichneten Preis, enthalten.
Nicht so in den "Vereinigten Staaten".
Der Preis, der überall angeschrieben, ist, ist der Preis ohne Mehrwertsteuer.

Selbst bei McDonald's!

Der Burger, der dort für 99 Cent angeboten wird, kostet dann, an der Kasse wirklich zwischen 1.05 und 1.10 Dollar, je nach Staat, in welchem man sich befindet. Einzige Ausnahme, aber auch wirklich die Einzige, ist der Benzinpreis. Wird die Gallone für 3.99 Dollar angeboten, kostet sie auch nur 3.99 Dollar.

Dann gibt es noch eine Ausnahme, die jedoch zeitbegrenzt ist. Dies ist immer eine Woche am Ende der Sommerferien. Um die Eltern, die um diese Zeit für ihre Kinder die Schulartikel einkaufen, zu unterstützen, setzt der Staat für eine Woche die Mehrwertsteuer auf bestimmte Artikel aus. In dieser Zeit kann man dann, ob man Schulkinder hat oder nicht, Kleidung oder Artikel für den Schulbedarf, mehrwertsteuerfrei einkaufen.

Kapitel 16
Der Notar

Gezwungenermaßen stellte sich nun auch die Frage, womit ich in der Zukunft meine Brötchen verdienen sollte.

Ich hatte kein Interesse daran, in die Arbeitsmühle zu geraten, der ein amerikanischer Arbeitnehmer ausgesetzt ist. Ich wollte frei für mich entscheiden, wann und wie ich arbeiten wollte. Also machte ich mir Gedanken, wie ich es anfangen könnte, mich hier selbstständig zu machen.

Zu diesem Zeitpunkt herrschte in den "USA" eine Art Immobilienboom. Häuser und Wohneinheiten wurden zu Tausenden aus dem Boden gestampft und in kürzester Zeit an neue Besitzer verkauft. Dazu benötigten die neuen Besitzer allerlei Dokumente, die von einem Notar beurkundet werden mussten.

Ich fand heraus, dass auch, wie bei vielen anderen Berufen üblich, zur Ausübung dieses Berufes, keine entsprechenden Ausbildungen, wie etwa ein abgeschlossenes Jurastudium oder sonst welche Universitätsabschlüsse notwendig waren.

Das Einzige, was man tun musste, um Notar zu werden, war Folgendes:

Man musste entweder Amerikaner sein, oder mit einer "Greencard" dort leben.

Man musste eine Prüfung ablegen, dass man alle diese Gesetze, beherrschte, die für die Ausübung eines Notares vonnöten waren.

Man durfte keine kriminelle Vergangenheit haben, oder sich irgendwelche Dinge zuschulden kommen lassen.

Man brauchte einen "Background Check" vom "FBI".

Man musste seine Fingerabdrücke beim lokalen Scheriff hinterlegen.

Man brauchte zwei Zeugen, die belegen konnten, dass man ein anständiger Mensch ist.

Man musste seine Steuern immer pünktlich bezahlt haben.

Man durfte keinen "Offenbarungseid" geleistet haben.

Schon war die Sache erledigt.

Also begann ich mich, durch Bücher und Kurse weiterzubilden und mir das entsprechende Wissen anzueignen. Wenige Wochen später musste ich einen staatlichen Test absolvieren und bestehen.

Mit der Bestätigung des örtlichen Sheriffs, dass gegen mich nichts vorlag, meinen Fingerabdrücken, den bestandenen Testunterlagen, einem Foto und den Bewerbungsfragebögen, schickte ich das ganze Paket an den Gouverneur des Staates "Florida", der anhand der Unterlagen und Testergebnisse entscheiden musste, ob ich als Notar, hier "Notary Public" genannt, zugelassen würde.

Einige Zeit später bekam ich ein Schreiben und eine Urkunde des Gouverneurs, dass ich als Notar in "Florida" zugelassen war und meine Zulassung für die nächsten sieben Jahre galt.

Ich bekam eine Nummer, die "Notary ID" zugewiesen und konnte mir somit das notwendige Notarsiegel anfertigen lassen.

Zusätzlich, zu den normalen Beurkundungen, wie Verträge, Unterschriften, Beglaubigungen und allem anderen hat ein Notar in den "Vereinigten Staaten" aber auch noch eine andere Funktion.

Er ist gewissermaßen auch ein Standesbeamter.

Heiratswillige Paare müssen sich bei der Stadtverwaltung eine entsprechende "Marriage-Licence", also eine Heiratsgenehmigung, besorgen, in der geprüft wird, ob sie sich im Land legal aufhalten, ob sie nicht schon verheiratet sind und alle sonstigen behördlichen Fragen, ähnlich also einem Aufgebot in Deutschland.

Die Erteilung dieser Heiratserlaubnis kann sich dann einige Tage hinziehen. Erst wenn sie dem Brautpaar ausgehändigt wurde, sind diese in der Lage sich trauen zu lassen. Hierzu brauchen sie einen "Notary-Public", der bestätigt, dass die beiden freiwillig, ohne Zwang, heiraten wollen, indem sie die entsprechende Frage mit „Ja" beantworten.

Danach unterzeichnen der Notar und das Brautpaar die Heiratslizenz und der Notar setzt sein Siegel darauf. Ab diesem Zeitpunkt sind beide verheiratet. Es ist keine Zeremonie oder Traurede vorgeschrieben. Doch viele Brautpaare legen Wert darauf.

Das hat zur Folge, dass nur wenige Notare, bereit sind, eine Trauung vorzunehmen, in welcher sie frei, vor vielen Leuten, sprechen müssen.

Auch ich hatte nicht vor, mich als Standesbeamter zu betätigen, doch dann kam alles ganz anders. Wenige Tage nachdem ich meine Urkunde erhalten hatte änderte sich meine Zielrichtung als Notar schlagartig.

Eine Kollegin meiner Frau, erzählte ihr, dass sie am nächsten Wochenende, es war bereits Freitag, unbedingt heiraten wollte, aber nicht mehr in der Lage war, auf die Schnelle, einen Standesbeamten zu finden.

Der Priester, der sie eigentlich trauen wollte, war kurz vorher abgesprungen, nachdem ihm bekannt wurde, dass die Beiden bereits ein zweijähriges Kind zusammenhatten. Jetzt waren Sie in der misslichen Lage, dass alles für den nächsten Tag vorbereitet war, nur niemand wollte sie trauen.

In ihrer Verzweiflung weinte sie sich bei meiner Frau aus.

„Mein Mann ist auch Notar", antwortete meine Frau, ohne über die Folgen für mich nachzudenken.

Damit war dann das Kind in den Brunnen gefallen.

Sie rief mich an, um mir von der Misere ihrer Kollegin zu erzählen. Verrückt, wie ich nun einmal bin, erklärte ich mich auch noch bereit die Trauung zu vollziehen.

Ich war jedoch, in diesem Moment, in der misslichen Lage, keinerlei Ahnung davon zu haben, wie in Amerika eine Trauung ablief, geschweige denn hatte ich irgendwelche Texte oder Sprüche im Kopf, die ich dem Brautpaar erzählen könnte. Ich wusste auch nicht, welche Papiere notwendig und zu unterzeichnen waren und wie das bei einer Trauung alles vonstattengeht.

Nun war ich in einer prekären Situation.

Zuerst wälzte ich meine Unterlagen, um die rechtlichen Schritte, die für die Trauung notwendig waren, in mein Gedächtnis zurückzuholen. Ich hatte zwar alles für meine Prüfung schon einmal gelesen und gelernt, doch in diesem Moment schien alles aus meinem Gedächtnis gestrichen. Nach kurzer Zeit hatte ich alle gesetzlichen Vorschriften wieder parat und wusste wenigstens hier Bescheid, wie die Hochzeit ablaufen sollte.

Doch das allein reichte nicht aus. In irgendeiner Form musste ich wenigstens eine Trauungszeremonie für das Hochzeitspaar parat haben. Also setzte ich mich hin und schlug nach, in verschiedenen Quellen, was üblich ist, an dieser Stelle zu sagen und verfasste so den entsprechenden Text.
Zwei Stunden später, als meine Frau nach Hause kam, saß ich da und lernte meine Traurede auswendig.

Am nächsten Vormittag ging es zum Strand, denn das Paar wollte unbedingt am Strand getraut werden. In einem Park am Strand hatten sie alles vorbereitet.
Pünktlich, zur vereinbarten Uhrzeit, waren wir an der Stelle. Doch wer war nicht da? Das Brautpaar und die Hochzeitsgesellschaft.
Wir warteten zehn Minuten, eine Viertelstunde nichts war von dem Brautpaar zu sehen.
Ich sagte zu meiner Frau: „Ich glaube die sind nicht ganz normal, ich helfe denen aus, damit ihre Hochzeit noch stattfindet, lerne alles auswendig, bereite eine Rede vor und die tauchen dann nicht auf!"
Meine Frau versuchte ihre Kollegin über Telefon zu erreichen, was ihr letztendlich auch gelang. Diese sagte die ganze Gesellschaft sei schon auf dem Weg und würde gleich im Park eintreffen.
Eine weitere Viertelstunde verging und niemand tauchte auf. Ein erneuter Anruf ergab die gleiche Antwort, dass alle bereits unterwegs seien.
Mit knapp einer Stunde Verspätung tauchte dann die ganze Gesellschaft letztendlich auf und es stellte sich heraus, dass durch die Aufregung, der Brautmutter so schlecht geworden war, dass sie sich dauernd übergeben musste und somit die Gesellschaft erst jetzt die Möglichkeit hatte zu erscheinen.
Der Schweiß stand mir auf der Stirn, zum einen wegen der Hitze von 32 Grad Celsius im Schatten im Freien, immerhin hatte ich mich in meinen besten Anzug gekleidet und zum anderen, durch die Aufregung, nun meine erste Beurkundung, beziehungsweise eine Verheiratung vorzunehmen.

Ich trug meinen vorgefertigten Text vor und musste feststellen, dass das Ganze gar nicht so dramatisch war, wie ich es mir vorgestellt hatte. Eigentlich ging es ganz schnell und nach zehn Minuten hatte ich die Beiden verheiratet und eine Grundgebühr und ein gutes Trinkgeld dafür eingestrichen.

Erleichtert verließen wir die Gesellschaft und ich war froh, dass alles besser gelaufen war, als ich es mir vorgestellt hatte.

Da die ganze Geschichte so reibungslos abgelaufen war, beschloss ich, mich in Zukunft auf Hochzeiten zu spezialisieren. Diese brachten zum einen erheblich höhere Gebühren ein und zum andern war kaum ein anderer Notar bereit, der diese Aufgabe übernehmen wollte. Da ich keinerlei Ängste hatte, auch vor großen Menschenmengen zu sprechen, kam ich schnell zu einer Reihe von verschiedenen Aufträgen dieser Art.

Die etwas Außergewöhnlichen davon will ich hier, im Anschluss, kurz beschreiben.

Eine dieser Hochzeiten war mit einem Paar, das es scheinbar überhaupt nicht abwarten konnte, verheiratet zu werden. Normalerweise geht man zur Stadtverwaltung oder einem Gericht, beantragt eine Heiratsbescheinigung, die Behörde stellt einen Heiratsschein aus und alles wird vom Notar und den Heiratswilligen unterzeichnet.

Dieses Paar jedoch hatte es besonders eilig.

Sie bestellten mich, direkt zu dem Gerichtsgebäude, in welchem sie, an diesem Tag, ihre Heiratsbescheinigung abholen würden. Ich wartete auf den Treppenstufen, vor dem Gericht darauf, dass sie das Gebäude mit der entsprechenden Bescheinigung verlassen würden, und richtete mich darauf ein, an einen bestimmten Ort zu fahren, um die Trauung zu vollziehen.

Die Beiden kamen aus dem Gebäude, und überreichten mir die Heiratsbescheinigung.

„Wo sollen wir die Zeremonie abhalten?", fragte ich sie.

„Hier und jetzt sofort", war die Antwort des Bräutigams.

„Hier auf den Treppen?", fragte ich nochmals ungläubig nach.

„Ja, jetzt gleich, wir haben keine Zeit."

Ich begann meine vorgefertigte Hochzeitsrede vorzutragen, doch wurde ich direkt von dem Paar unterbrochen.

„Lassen sie das ganze Brimborium einfach weg und machen sie es kurz", sagten die Beiden zu mir.

„OK, dann machen wir das Ganze super kurz", sagte ich.

Ich schaute auf die Namen in der Heiratsbescheinigung und fragte den Mann, ob er die Frau heiraten wolle und umgekehrt.

Beide antworteten mit: „Ja."

Ich unterzeichnet die Urkunde, ebenso wie die beiden Neuvermählten und die Sache war erledigt.

Sie bezahlten mich, noch auf den Stufen des Gerichtsgebäudes und schon waren sie wieder, um die nächste Ecke, verschwunden.

Dies war die schnellste Hochzeitszeremonie, welche ich, in meiner Laufbahn als Notar, jemals gehalten hatte.

Ein anderes Mal kam ein hochzeitswilliges Pärchen zu dem Hochzeitstermin, in mein Büro zu Hause mit der Bitte, dass ich ihre Vermählung gleich hier, in meinem Büro, vollziehen sollte.

Die Braut fragte mich: „Kann ich noch schnell ihre Toilette benutzen, um mein Hochzeitskleid anzuziehen?"

Natürlich konnte ich das, in diesem Fall, schlecht ablehnen.

Unterdessen kam meine Frau, von ihrer Arbeit nach Hause.

„Was macht diese fremde Frau auf unserer Toilette?", fragte sie mich vor der Bürotür.

„Sie zieht gerade ihr Hochzeitskleid an".

„In unsrem Badezimmer?"

„Ja, die beiden wollen jetzt gleich getraut werden", antwortete ich.

„Hier?"

„Ja, in meinem Büro."

Kopfschüttelnd verschwand meine Frau in eines der anderen Zimmer des Hauses.

Die Braut kam nun, zurecht gemacht aus der Toilette und nach einer kurzen Traurede war auch diese Trauung schnell wieder vorbei.

Diese Art von Trauungen funktionierten nur deshalb, weil hier in "Florida", wo ich als Notar gearbeitet habe, keine Trauzeugen vorgeschrieben sind, welche die Dokumente mit unterzeichnen müssen. Zwar haben viele Brautpaare ihre Trauzeugen dabei, die auch mitunterschreiben dürfen, doch ist die Hochzeit auch ohne ihre Unterschriften gültig.

Ein weiteres Pärchen wollte sich unbedingt, in einem "State Park" das Hochzeitsversprechen geben. Die Trauung sollte in einem überdachten Holzpavillon, in welchem ein paar Holzbänke und Tische standen, stattfinden.

Der Bräutigam war bereits eingetroffen und hatte seine Eltern mitgebracht. Er war spanischer Abstammung, ungefähr 160 Zentimeter groß und sehr zierlich in seiner Gestalt.

Nervös lief er auf und ab und wartet auf seine Braut.

„Sie muss gleich kommen", sagte er mir immer wieder.

Nichts war für diese Hochzeit wirklich vorbereitet. Einige Pappkartons, mit Essen, standen auf den Holztischen des Pavillons, daneben lagen Pappteller und Plastikbesteck.

Der Vater des Bräutigams rauchte nervös eine Zigarette nach der anderen und war ständig dabei, mit seinem Handy, irgendwelche wichtige Gespräche zu führen. Die Mutter des Bräutigams stand regungslos, in einer Ecke des Pavillons, sagte kein Wort und war womöglich bereits eingeschlafen.

Die Zeit verging und noch immer war keine Braut zu sehen. In jeder Minute, die verstrich, wurde der Bräutigam nervöser und lief ständig, in dem Holzpavillon auf und ab.

„Ich kann nicht ewig auf ihre Braut warten", sagte ich ihm nach einer halben Stunde.

„Sie muss gleich kommen", sagte er.

„Wissen sie denn, wo sie steckt oder warum sie nicht hier ist?", fragte ich.

„Nein, ich kann sie nicht erreichen", war die Antwort und sein Gesichtsausdruck änderte sich von Nervosität langsam in Verzweiflung.

Die Mutter stand weiterhin regungslos in der Ecke und der Vater paffte eine nach der anderen.

Nach einer Stunde Wartezeit sagte ich zu dem Bräutigam: „Es tut mir leid, aber ihre Braut scheint nicht mehr zu kommen, ich kann nicht ewig hier mit ihnen warten."

„Nur noch wenige Minuten bitte", antwortete er sichtlich aufgeregt, „Ich bezahle ihnen auch das Doppelte an Honorar."

„OK", sagte ich, „noch maximal zwanzig Minuten, dann muss ich gehen."

Nach weiteren fünfzehn Minuten kam plötzlich ein riesengroßer, zitronengelber Pickup-Truck angerast und hielt direkt, laut bremsend, vor dem offenen Holzpavillon, in welchem wir alle nun, seit mehr als 75 Minuten warteten.

Auf der Fahrerseite sprang eine Frau heraus, in einem weißen Brautkleid und dicken weißen Turnschuhen darunter. Sie war ungefähr 170 Zentimeter groß und wog etwa 250 Kilogramm. Sie war gut und gerne doppelt so breit, wie ihr Bräutigam.

„Entschuldigen Sie die kleine Verspätung", sagte sie zu mir, nachdem ich mich vorgestellt hatte, „aber ich musste noch, im "Wal-Mart" eine Hochzeitstorte machen lassen."
Im "Wal-Mart", wollte ich eigentlich fragen, doch schon plapperte sie weiter.
„Die haben das nicht gleich richtig hinbekommen und deshalb hat es etwas länger gedauert."
„Hast du auch ein Messer bekommen?", fragte die Mutter des Bräutigams, die aus ihrer Starre erwacht schien.
„Ja", war die kurze Antwort und sie zeigte dabei ein großes Messer, welches noch in Plastikfolie verschweißt war.
„Habe ich auch gleich im "Wal-Markt" gekauft, sagte sie stolz.
Dann holte sie eine Rolle mit weißem Seidenpapier aus dem Wagen. Das Seidenpapier wurde anschließend in der Mitte des Pavillons ausgerollt und mit Steinen an den Ecken befestigt, damit das Papier nicht im Wind davon fliegen konnte.
Der Bräutigam schien inzwischen sichtlich erleichtert.

Außer dem Kuchen in der Pappschachtel und dem Messer hatte die Braut auch ihre Eltern und ein etwa dreijähriges Kind mitgebracht. Die gesamte Hochzeitsgesellschaft war somit komplett.

„Kommt sonst noch jemand?", fragte ich sicherheitshalber.

„Nein, es kann losgehen", sagte die Braut.

Sie stellte sich, zusammen mit ihrem Vater, an einem Ende der ausgerollten Seidenpapierrolle auf, während ich, mit dem Bräutigam, am anderen Ende wartete.

Dann wälzte sie sich, am Arm ihres Vaters, auf uns zu. Dieses Bild werde ich, in meinem ganzen Leben nicht mehr vergessen. Nur gut, dass ich meine Frau dabei hatte, denn sonst gab es keine anderen Hochzeitsgäste und sie war auch die Einzige, die Bilder dieser Hochzeit machte, denn das Brautpaar und deren Eltern hatten nicht daran gedacht, eine Kamera mitzunehmen.

Die Trauung selbst lief dann nach Plan ab, Traurede, Einverständniserklärung der Eheleute und anschließend die Unterzeichnung der Papiere auf dem Holztisch des Pavillons.

Der Bräutigam schien sichtlich erleichtert, dass es nun doch noch mit der Hochzeit geklappt hatte und vor lauter Freude lud uns dann das Brautpaar noch dazu ein, doch zum Essen zu bleiben.

Mit einem Blick auf die Pappkartons und das Plastikgeschirr lehnten wir jedoch dankend ab und begründeten unsere Ablehnung damit, dass ich noch weitere Termine geplant hätte und wir uns bereits verspätet hätten, obwohl dies in Wahrheit nicht der Fall war.

„Aber zum Anschneiden der Hochzeitstorte müssen sie noch bleiben" drängten sie uns.

„Nun gut, dann machen wir auch noch ein Bild davon, dass sie wenigstens eine Erinnerung daran haben."

Es dauerte erst einmal eine geraume Zeit, bis sie in der Lage waren, das neu gekaufte Messer, aus der Hartplastikverpackung heraus zu bekommen. Die Verpackung mit einem der Plastikmesser zu öffnen, blieb erst einmal erfolglos. Auch alle anderen Versuche schienen zu scheitern und wir fanden uns bereits damit ab, dass es wohl doch nichts mit dem Hochzeitskuchen werden würde.

Doch dann kam der Vater des Bräutigams, der wie gesagt eine Zigarette nach der anderen rauchte und deshalb immer ein Feuerzeug in der Hand hielt, auf die glorreiche Idee, die Plastikverpackung einfach abzubrennen. Außer, dass das Plastik nun schmolz und sich der schwarze, giftige Qualm in dem Pavillon ausbreitete, passierte zunächst nichts. Erst nachdem sich die Plastikverpackung unter der Hitze verzog, gab sie einen Spalt preis, an dem man sie nun auseinanderreißen konnte.

Dann wurde, förmlich, der Deckel des Pappkartons entfernt, um einen Blick auf die Torte freizugeben. Da das Brautpaar auch eine Kuchenplatte vergessen hatte, wurde der Kuchen, kurzerhand, einfach innerhalb der Pappschachtel angeschnitten.

Nachdem uns die Ehre zuteilwurde, auch an dieser Zeremonie beiwohnen zu dürfen, waren wir froh, danach, endlich die Gesellschaft verlassen zu können.

Im Laufe meiner Tätigkeit, als Notar, habe ich noch andere ungewöhnliche Trauungen vollzogen, insbesondere an den verrücktesten Orten, die man sich vorstellen kann.

Mit den nackten Füßen im Wasser, am Strand stehend, genauso wie unter dem weißen Pavillon einer Hochzeitsgesellschaft, mit über 300 geladenen Gästen.

Im Laufe der Zeit belegte ich noch weitere Fortbildungskurse und machte mir so auch einen Namen als "Signing Agent", der dann gebraucht wurde, wenn spezielle Papiere zur Beurkundung von Hauskaufverträgen beim Käufer unterzeichnet werden mussten.

Da ich auch einer der wenigen Notare war, die zugelassen wurden, elektronische Dokumente zu beurkunden, wuchs mein Geschäft beträchtlich.

Durch die Tatsache, dass viele Amerikaner sehr bequem sind und sich möglichst nicht von zu Hause weg bewegen wollen, entwickelte ich die Geschäftsidee eines mobilen Notarbüros.

Beurkundungen oder Trauungen wurden von mir an jedem Ort, zu jedem Zeitpunkt, je nach Bedarf durchgeführt. Zusätzlich zu den Gebühren, konnte ich jetzt, auch noch Anfahrtskosten und Aufwandsentschädigungen berechnen.

Der Beruf des **mobilen Notars** war geboren.

Kapitel 17
11. September 2001

Unsere älteste Tochter arbeitete inzwischen bei einer amerikanischen Fluggesellschaft als Stewardess. An diesem Tag war sie bei uns zu Besuch und für den 13. September, am Morgen, war ihr Rückflug nach "Philadelphia" geplant, wo sie einen Tag später wieder ihren Dienst antreten sollte.

Am frühen Morgen erhielt ich einen Anruf, von meinem Vater aus Deutschland, der mich fragte, ob ich schon die Nachrichten gesehen hätte, denn in "New York" würde ein Hochhaus brennen.
Ich schaltete den Fernseher ein und konnte somit, "live", die Terroranschläge des 11. September 2001, auf das "World Trade Center" in "New York" und das "Pentagon" in "Washington" mitverfolgen. Unser Entsetzen und das all der anderen Amerikaner war sehr groß.

Der Anschlag lähmte das gesamte Tagesgeschehen am Nachmittag. Als wir alles irgendwann wirklich realisiert hatten, kam uns die Überlegung, wie unsere Tochter wieder zurück nach „Philadelphia" kommen sollte, wo sie in drei Tagen wieder ihren Dienst anzutreten hatte.
Alle Flugzeuge waren zu diesem Zeitpunkt am Boden und es bestand ein generelles Flugverbot für die nächsten Tage.
Sie telefonierte mit der Fluggesellschaft und erklärte ihre Situation, dass sie sich zurzeit in "Naples, Florida" befindet und in drei Tagen, in "Philadelphia", ihre Schicht antreten müsse, sie aber keine Gelegenheit hatte, im Moment, oder Morgen oder wann auch immer, ein Flugzeug zu benutzen. Die Antwort der Fluggesellschaft war typisch amerikanisch. Man sagte ihr, sie habe am 14. September in "Philadelphia" zu erscheinen, egal wie, um ihre Schicht anzutreten, ansonsten würde sie, wegen Nichterscheinens, gefeuert. Auf die Nachfrage, ob denn am 14. September überhaupt wieder Flugzeuge starten würden, bekam sie nur die Antwort, dass dies keine Rolle spiele und sie zu erscheinen hätte.
Obwohl die Fluggesellschaft wusste, dass keine Flugzeuge, zurzeit, zur Verfügung standen, beharrte die Gesellschaft auf das Erscheinen unserer Tochter.

Wir warteten den ganzen restlichen Tag darauf, dass der Flugverkehr eventuell wieder freigegeben würde und unsere Tochter eine Maschine nach "Philadelphia" besteigen konnte, doch dies war vergeblich. Am nächsten Morgen setzten wir uns in unser Auto und fuhren, zuerst einmal, zum nächstgelegenen internationalen Flughafen, in "Ft. Myers". Zwischenzeitlich waren in Amerika, so berichteten es fälschlicherweise die Nachrichten, wieder einige Flüge freigegeben. Doch in "Ft. Myers" sagte man uns, dass heute hier kein Flugzeug starten würde.

Daraufhin machten wir uns auf den Weg, auf die andere Seite "Floridas". Nach drei Stunden Autofahrt erreichten wir den internationalen Flughafen von "Ft. Lauderdale". Auch dort mussten wir erfahren, dass heute keine Flüge den Flughafen verlassen würden.

Weiter ging die Autofahrt nach "Miami" und wiederum, die gleiche Antwort.

Uns wurde nun klar, dass wir an diesem Tag kein Flugzeug mehr erreichen würden welches unsere Tochter nach "Philadelphia" bringen sollte, denn inzwischen meldeten auch die Nachrichten wieder, dass das Flugverbot noch auf unbegrenzte Zeit gelten sollte.

Doch wie sollte sie jetzt zu ihrer Arbeit gelangen?

Wir machten uns erst einmal, wieder auf die zweisündige Rückreise nach "Naples". Dort angekommen telefonierte sie erneut mit der Fluggesellschaft und erklärte ihre prekäre Situation.

Doch die Fluggesellschaft bestand weiterhin darauf, dass sie am übernächsten Tag, ihre Schicht anzutreten habe, unabhängig davon, ob sie für diese Schicht überhaupt gebraucht wurde, denn niemand wusste zu diesem Zeitpunkt, auch die Fluggesellschaft nicht, wann das erste Flugzeug wieder starten würde.

Wir begannen verzweifelt nach Alternativen zu suchen. Wir überlegten, ob ich sie nicht, mit dem Auto, nach "Philadelphia" bringen sollte, doch ich hatte selbst wenige Tage später Termine in Deutschland wahrzunehmen. Eine Fahrt nach "Philadelphia", hin und zurück würden mich etwa drei bis vier Tage kosten.

Eine Zugverbindung, in welcher die Strecke, noch rechtzeitig, zu schaffen war, gab es auch nicht. Züge werden in Amerika nur noch selten benutzt, um längere Strecken zurückzulegen. Gerade die Verbindungen nach "Florida", dienen fast ausschließlich dem Güterverkehr.

Die einzige, wirkliche Alternative, in diesem Fall war der "Greyhound Bus".

Es gab eine direkte Verbindung von "Tampa" in "Florida" bis nach "Philadelphia" eine Strecke von fast 1800 Kilometern.

Uns blieb keine Wahl.

Wir schnappten die Sachen unserer Tochter und machten uns auf die dreistündige Autofahrt nach "Tampa", um sie dort an einer "Greyhound" Busstation Station abzusetzen.

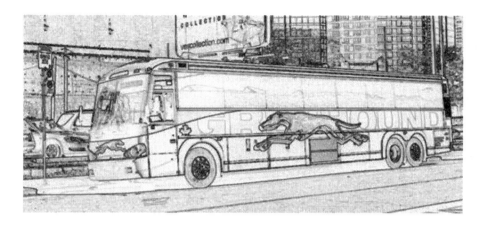

Die anschließende, nicht gerade angenehme Reise, nach "Philadelphia" brauche ich wohl hier, nicht weiter zu beschreiben.

Zwei Stunden, bevor sie ihre Schicht antreten musste, hatte sie ihren Zielort, endlich erreicht. Nun musste sie, in aller Eile, in ihre Wohnung, sich umziehen und frisch machen, um dann zum Flughafen zu fahren, wo man ihr anschließend mitteilte, dass ihre Schicht, für diesen Tag, ausfallen würde, da keine Flugzeugstarts, an diesem Tag, stattfinden sollten.

Der ganze Aufwand war also umsonst gewesen, aber es war mal wieder ein Paradebeispiel dafür, wie viel sich amerikanische Unternehmen um ihre Mitarbeiter sorgen. Es spielt überhaupt keine Rolle, ob ein Terroranschlag passiert, eine Naturkatastrophe, oder ob man todkrank ist, man hat zur Arbeit zu erscheinen, sonst wird man gefeuert. Verständnis oder Rücksicht auf die private Situation, oder irgendeine Art von Menschlichkeit ist in amerikanischen Unternehmen ein absolutes Fremdwort. Das Unternehmen und dessen Gewinn stehen immer höher, als das Wohl oder die Gesundheit des Arbeitnehmers. In Europa unvorstellbar.

Erst zwei Tage später wurde der Flugverkehr wieder freigegeben, doch niemand wusste so recht, ob er sich jetzt trauen sollte, ein Flugzeug zu besteigen.

Leider hatte ich, ausgerechnet für diesen Tag, einen Flug von "Ft. Myers" nach "Chicago" und von dort einen Anschlussflug nach Deutschland gebucht

Aus terminlichen Gründen war es mir nicht möglich, diese Reise abzusagen.
Also begab ich mich zum internationalen Flughafen in "Ft. Myers", der wie ausgestorben schien. Es waren keine Leute in der Schalterhalle und kaum Flugzeuge auf dem Rollfeld zu sehen, als ob niemand mehr ein Flugzeug benutzen wollte.

Es war fast wie in einem Gruselfilm.

Ich ging zum Schalter, der Fluggesellschaft, bei welcher ich meinen Flug gebucht hatte, und legte mein Ticket vor. Weit und breit war sonst niemand zu sehen.
Ich fragte erstaunt die Dame am Schalter: „Geht denn heute überhaupt ein Flug nach "Chicago"?"
„Ja", sagte sie, „ab heute fliegen wir wieder planmäßig."
Außer mir waren höchstens fünf andere Passagiere im ganzen Flughafenterminal, die zum Einchecken an den Ticketschaltern standen. Die Angst der Amerikaner, vor einem neuen Anschlag, war so groß, dass sich niemand traute, am ersten Tag, nachdem der Flugverkehr freigegeben wurde, ein Flugzeug zu besteigen.

Ich ging durch die Kontrolle, die heute ganz besonders strikt war. Anstatt, wie üblich, nur meinen Flugschein und meinen Pass vorzuzeigen, wurde ich diesmal auf die Seite gebeten. Ich wurde untersucht, als ob ich gerade einen Banküberfall begangen hätte. Überall am Körper wurde ich abgetastet und meine Taschen untersucht. Das Ganze insgesamt zweimal hintereinander.
Anschließend lief ich den leeren Flur entlang, der zu meinem Abflugsteig führte. Auch hier waren nur ganz wenige Menschen unterwegs.
Die Abfertigung zum Einsteigen ging relativ schnell, da sonst niemand am Eingang der Gangway, zu sehen war.

Als ich das Flugzeug betrat, wurde ich etwas stutzig, ob ich nicht, vielleicht, den falschen Eingang gewählt hatte. Außer mir, war niemand im Flugzeug zu sehen.
Ich suchte meinen Platz und setzte mich hin.
Die Stewardess begrüßte mich freundlich und wir warteten auf den Abflug.

Kein weiterer Passagier tauchte mehr auf. An diesem Tage war ich der einzige Flugpassagier, der von "Ft. Myers" nach "Chicago" flog.

Mein Anschlussflug, nach Deutschland, hingegen, war gut besetzt, denn all die Leute, die in den letzten Tagen, hier in den "USA" gestrandet waren und das Land nicht verlassen konnten, versuchten nun, einen Platz auf der Maschine nach Europa zu bekommen.

Im Zuge dieser Katastrophe und dem drastischen Rückgang im Flugverkehr verlor unsere Tochter anschließend ihre Stelle bei der Fluggesellschaft, denn diese brauchten in den kommenden Jahren, erheblich weniger Personal. Zehntausende von Flugbegleitern wurden damals, von einem Tag auf den anderen, auf die Strasse gesetzt.

Damit war der Traum ihrer Karriere, als Stewardess, beendet.

Ab diesem Tag wurde ich, bei jeder Einreise in die "USA", trotz meiner "Greencard", nicht mehr wie ein Amerikaner, sondern wie ein Ausländer behandelt. Ich musste ab sofort, wieder in den Reihen für "Non US-Citizens" anstehen und mir Fragen gefallen lassen, warum ich hierherkam, was ich hier tat, was mein Beruf ist, wo ich wohnte und sonst alles Mögliche, was dem Beamten so gerade einfiel. Auf einmal waren nur noch Amerikaner, die einen "US-Pass" hatten, wirkliche Amerikaner. Man zeigte mir jetzt sehr deutlich, dass ich als Ausländer, in diesem Land, nicht mehr willkommen war.

Für die folgenden Jahre wurde unser Leben, dadurch erst einmal erheblich schwieriger, denn jeder, der in irgendeiner Form Ausländer war, wurde ab jetzt misstrauisch begutachtet.

Egal ob Araber, Europäer oder welcher Nation man auch immer entstammte, es wurde einem von vornherein unterstellt, dass man etwas Negatives im Sinn hatte, wenn man in dieses Land reiste oder dort lebte.

Für alles, was man jetzt beantragte oder brauchte, musste man erst Dutzende von Sicherheitsprüfungen über sich ergehen lassen. Fingerabdrücke wurden regelmäßig untersucht und beim "FBI" wurde nachgefragt, ob etwas gegen einem vorliegt.

Die Zeit nach 11. September 2001 änderte unser Leben schon beträchtlich.

Eine Geschichte will ich deshalb nicht unerwähnt lassen, die mir nach einem Aufenthalt in Deutschland, bei der Rückreise in die "USA" widerfuhr.

Schon Dutzende Male war ich die Strecke "Frankfurt – Miami" geflogen. Auch dieses Mal hatte ich vorher, meiner Schwiegermutter, einen Kurzbesuch abgestattet, die mir regelmäßig, wenn ich sie besuchte, eine Packung "Mon Chéri", also mit Weinbrand gefüllte Pralinen mitgab, als Erinnerung an zu Hause.

Jedes Mal hatte ich die Packung im Handgepäck, welches auf dem Flughafen in Frankfurt, durchleuchtet wurde und anstandslos die Kontrolle überstand. Dass diese Packung dann, der Grund für die nachfolgende Aktion war, habe ich erst ganz zum Schluss erfahren.

Es war mein erster Rückflug von Deutschland aus, in die "USA", nach dem 11. September 2001. Ich stellte mein Handgepäck, wie üblich auf das Förderband, um es durchleuchten zu lassen. Alle Passagiere mussten ab jetzt abgetastet werden, wofür ich auch Verständnis hatte. Also einmal von vorne, rumdrehen und einmal von hinten abtasten.

„Das, war's", dachte ich und griff nach meiner Tasche, die gerade aus dem Durchleuchtungsautomaten kam.

Doch soweit kam ich nicht mehr.

Ein Polizeibeamter griff nach meinem ausgesteckten Handgelenk und bog meinen Arm auf meinen Rücken. Ein anderer hielt mir den Lauf seiner Maschinenpistole unter die Nase und ein dritter griff sich meine Tasche.

„Sie müssen mit uns mitkommen", sagte der Beamte, der meinen Arm festhielt.

„Aber was liegt denn gegen mich vor?", fragte ich.

„Das darf ich ihnen nicht sagen", war die Antwort.

Man führte mich in einen Nebenraum, eine Art Polizeiwache.

Der Beamte ließ meinen Arm los und stieß mich von sich weg, während der Andere mit seiner Maschinenpistole auf meinen Kopf zielte.

„Ausziehen", harschte er mich an.

„Was soll das?", fragte ich nach.

„Ausziehen habe ich gesagt, und zwar ganz langsam, machen sie jetzt keine falschen oder hastigen Bewegungen", sagte der Beamte mit der Maschinenpistole.

„Die Schuhe zuerst".

Stück für Stück entledigte ich mich, in Zeitlupe, meiner Kleidungsstücke, während der dritte Beamte, inzwischen den Inhalt meines Handgepäcks auf einem Tisch ausleerte. Bis auf die Unterhose musste ich mich meiner Kleidung entledigen und musste mich dann, mit ausgestreckten Händen, an die Wand lehnen, um nochmals eine Leibesvisitation über mich ergehen zu lassen.

„Das ist soweit OK", sagte der Beamte, der mich abgetastet hatte, und führte mich zu dem Tisch mit meinen ausgeleerten Sachen.

„Gehört das alles hier ihnen?", wurde ich verhört.

„Ja, warum?"

„Haben sie alles Selbst eingekauft?", fragte mich einer.

Ja, warum?"

„Wir stellen hier die Fragen", wurde ich angeraunzt.

„Haben sie die Pralinen auch selbst gekauft und wo?"

„Welche Pralinen?", fragte ich.

„Die Packung "Mon Chéri", sagte der Beamte.

„Die hab ich von meiner Schwiegermutter bekommen", sagte ich.

„Sie haben doch gerade gesagt, sie haben alles Selbst gekauft", sagte der Polizist.

„Hatte ich vergessen."

„So, so vergessen", wiederholte er, „Sie können sich jetzt wieder anziehen und setzen sich dann hier hin."

„Und meine Sachen?", fragte ich.

„Die bleiben hier, solange schön liegen, bis wir das Ergebnis der Pralinen haben."

Einer der Polizisten verschwand mit der Pralinenschachtel, während mich der andere weiterhin mit seiner Maschinenpistole in Schacht hielt, während ich mich anzog und anschließend auf dem Stuhl Platz nahm.

„Was ist eigentlich das Problem?", fragte ich wieder.

„Dazu kann ich ihnen nichts sagen".

Es dauerte knappe vierzig Minuten, bis der andere Beamte wieder zurück war.

„Sie können jetzt ihre Sachen einpacken und gehen", sagte er.

„Aber was war denn?", fragte ich nach.

„Das können wir ihnen nicht sagen", war die Antwort.

Ich bohrte nach und bat die Beamten mir doch zu erklären, warum ich auf einmal verdächtig war. Ich erklärte ihnen, dass ich mehrmals im Jahr, diese Strecke geschäftlich bereist hatte und dies auch in der Zukunft noch häufiger tun würde. Ich hatte immer das gleiche Handgepäck bei mir und würde auch in der Zukunft so reisen, müsse aber wissen, warum ich angehalten wurde, um, diesen "Fehler" nicht noch einmal zu machen und in eine derartige Kontrolle zu geraten.

„Sie sollten in Zukunft keine gefüllten Pralinen mehr mitnehmen", erbarmte sich der Polizist mit der Antwort, „die könnten ja auch mit Sprengstoff gefüllt sein."

Erleichtert wurde mir klar, wo das Problem lag.

Also keine "Mon Chéri" mehr, in Zukunft, von meiner Schwiegermutter, wenn ich zurück in die "USA" flog.

Meinen Flug erreichte ich dann als letzter Passagier, drei Minuten, bevor die Tür der Maschine geschlossen wurde.

Kapitel 18
Schnee in "Florida"?

Es wird Winter in "Florida".

Das Wort Winter in diesem Zusammenhang ist eigentlich ein Witz, denn im großen Ganzen, ändert sich hier, in der Südspitze von "Florida", das Wetter nur sehr wenig, im Laufe des Jahres.

Statt 34 Grad Celsius im Sommer ist es nun 28 Grad Celsius am Tag. Selbst nachts fällt in der die Temperatur nur selten unter 15 Grad Celsius.

Für die Leute, hier in "Florida", allerdings, bedeuten 20 Grad Celsius Tagestemperatur, dass die Ersten mit Mütze und Schal herumlaufen. Anfangs fanden wir das noch sehr komisch, aber im Laufe der Jahre gewöhnt man sich an diese Temperaturen und beginnt, tatsächlich, bei 20 Grad Celsius Tagestemperatur zu frieren.

In dieser Zeit lassen sich auch am besten die Touristen und Einheimischen voneinander unterscheiden. Denn nur noch die Touristen tragen kurze Hosen, Sandalen und T-Shirts.

Doch das hält die Amerikaner nicht davon ab, weiterhin die Klimaanlage, im Haus oder in den Geschäften, laufen zu lassen. Wir waren einmal zu Besuch, bei einem befreundeten Paar, welches in einem Apartment, in der Nähe wohnte. Draußen waren es etwa 26 bis 28 Grad Celsius, aber in ihrem Apartment hatten sie die Klimaanlage so eingestellt, dass sie auf mindestens 17 Grad Celsius herunter kühlte.

Sie saßen in ihren dicken Wolljacken im Wohnzimmer und wunderten sich, dass wir mit unseren kurzärmligen Hemden zu frieren begannen. Auf die Frage hin, ob es uns denn kalt sei und wir diese, zitternd bejahten, kamen sie nicht etwa auf die Idee, die Klimaanlage vielleicht etwas höher zu stellen, oder die Terrassentür aufzumachen, um etwas wärmere Luft ins Wohnzimmer zu lassen, ganz im Gegenteil.

Sie boten uns eine Jacke und einen Pullover an.

Ähnlich wird es auch jedem Touristen ergehen, der hier "Süd-Florida" als Urlaubsziel gewählt hat. Durch die subtropische Hitze draußen fühlt sich die Klimaanlage sowieso schon kühler an, als sie wirklich ist. Doch gerade in den

Geschäften und Einkaufsmalls kühlt man die Luft dann noch ein wenig mehr herunter.

Nicht selten kann es sein, dass man von draußen herein kommt, bei 35 Grad Celsius im Schatten und innerhalb der Geschäfte ist es gerade mal 18 Grad Celsius. Die Menschen, die hier leben, wissen darüber Bescheid. Sie haben immer eine Jacke oder ein Sweatshirt oder Ähnliches dabei, während die Touristen, verschwitzt in die eiskalten Geschäfte gehen und spätestens zwei bis drei Tage danach, mit einer heftigen Erkältung im Bett liegen.

Wie bereits vorhin erwähnt, wird es im Winter nicht kalt. Das heißt, es gibt weder Frost noch Schneefall. Viele Leute, die in diesem Teil von Amerika geborenen wurden, haben in ihrem ganzen Leben, noch keine Schneeflocken gesehen.

Um ihnen trotzdem, das Gefühl von Winter, Weihnachten und Schnee zu vermitteln, gibt es, in der Regel, zwei Ereignisse im Jahr, damit die Kinder, wenigstens einmal, mit dieser Materie in Berührung kommen.

Zu Anfang der Weihnachts- und Adventszeit gibt es jedes Jahr einen Termin, bei welchem riesige "Trucks", aus dem Norden der "USA" kommen, die komplett, mit nichts anderem als Schnee beladen sind. Dieser wird in einem Park abgeladen und zu einem großen Schneeberg aufgetürmt. Die Kinder des Ortes und alle anderen haben jetzt die Gelegenheit, eine Schneeballschlacht zu unternehmen oder vielleicht sogar ihren Schlitten auszuprobieren.

Die ganze Pracht hält allerdings nicht mehr als 24 Stunden. Bereits am nächsten Tag ist von dem ganzen Schneeberg, meist nur noch eine Pfütze zurückgeblieben.

Der Zweite, nicht weniger skurrile Event, nennt sich das Lichterfest. Auch diese Veranstaltung findet an einem Wochenende, in der Adventzeit statt.

Eine der Hauptstraßen im Ort ist mit Hunderttausenden von Lichtern geschmückt. Überall stehen reich verzierte Weihnachtsbäume und jede Palme ist mit Hunderten von Lichtern umwickelt. An jeder Straßenlaterne hängen ein beleuchteter Weihnachtskranz und ein kleiner Kasten, der eher aussieht wie eine Radarfalle.

Sobald es Abend wird und die Sonne untergegangen ist, wird die Straße durch die Hunderttausende von Lichtern hell erleuchtet und aus den "Radarkästen", Sie werden es kaum glauben, schneit es auf die Straße.

Wasser wird in den Kästen, zu Schnee heruntergekühlt und dann mittels einem System auf die Straße gesprüht, sodass die Schneeflocken langsam auf die vorbei laufenden Passanten herunter rieseln. Natürlich bleibt nichts liegen, die Schnee-flocken erreichen noch nicht einmal den Boden. Kaum sind sie in der Luft, haben sie sich wieder zu Wassertropfen verwandet. Doch durch die zusätzliche Beleuchtung sieht es aus, als würde es schneien. Es finden sich unter den Straßenla-ternen meist mehrere tanzende Kinder, welche versuchen die Schneeflocken ein-zufangen.

Überall wird jetzt weihnachtlich geschmückt, doch nicht etwa in dem Stil, wie wir es von zu Hause kennen.

Natürlich gibt es Weihnachtsbäume, Lichterketten und Kränze, aber es gibt auch den "Micky-Maus-Weihnachtsmann", der mit drei Meter Größe, im Vorgarten steht, und von einer Art Föhn aufgeblasen wird. Jeder versucht den anderen dadurch auszustechen, dass er mehr Lichter oder Weihnachtsfiguren, in seinem Vorgarten, aufbaut.

Alles bewegt sich, dreht sich, leuchtet, blinkt in Farben, rot, weiß, blau. Es erin-nert eigentlich etwas mehr, an einen Jahrmarkt, als an Weihnachten. Es ist nicht ungewöhnlich, dass ganze Gruppen von Rentieren oder eine ganze Weihnachts-krippe, inklusive Schaaf und Esel, auf dem Dach des Hauses festgemacht wird und beleuchtet ist.

Im Einkaufszentrum sitzt den ganzen Tag "Santa Claus" und gegen eine saftige Gebühr, kann man sein Kind auf dessen Schoß setzen, wo es dann seine Wünsche, für Weihnachten, loswerden kann. Selbstverständlich kann dieses Ereignis, durch einen Fotografen per Bild festgehalten werden.

Natürlich hatten auch wir, unser Haus, weihnachtlich geschmückt, wie wir es aus Europa her kennen. Trotzdem ist es, nach wie vor, etwas ungewöhnlich, zu wissen, dass es Heiligabend ist und man im Freien im Whirlpool sitzt und einem dabei die Sonne auf die Schultern brennt.

Der Wermutstropfen, an der ganzen Sache ist jedoch, dass es niemand interessiert, dass Heiligabend ist. An diesem Tag wird genauso gearbeitet, wie an jedem anderen Tag. Nur der erste Weihnachtstag, also der 25. Dezember, ist ein wirklicher Feiertag.

Aber auch nicht für alle.

Einkaufen ist nach wie vor möglich, an diesem Tag, denn viele Geschäfte haben geöffnet.

So ist es auch nicht ungewöhnlich, dass man zu den verrücktesten Zeiten, noch die notwendigen Dinge einkaufen kann.

Ich erinnere mich dabei an ein Silvestererlebnis in "Hawaii", bei welchem wir, wegen unserer späten Anreise, vergessen hatten, vorher den obligatorischen Sekt einzukaufen.

Um 23:00 Uhr, in der Silvesternacht, fiel uns dann dieses Missgeschick auf.

In Deutschland hätte das bedeutet, der "Silvestersekt" fällt aus.

Nicht so in Amerika.

Schnell ins Auto, zum nächsten Supermarkt und die Flasche Sekt gekauft. Das war's. Es gibt Dutzende von Supermärkten, die Tag und Nacht geöffnet haben, 24 Stunden am Tag, sieben Tage in der Woche, 365 Tage im Jahr und man kann es kaum glauben, wie viele Leute, nachts um vier Uhr, im Supermarkt einkaufen gehen, als ob es keine bessere Zeit gäbe, seine Lebensmittelvorräte aufzufüllen.

Ansonsten sind die Öffnungszeiten der Geschäfte sehr im Sinne des Verbrauchers. Nicht jedoch im Sinne des Arbeitnehmers. Es gibt kaum einen Laden, der nicht jeden Abend, mindestens bis 9:00 oder 10:00 Uhr geöffnet hat. Lange Samstage oder verkaufsoffene Sonntage gibt es nicht, verkaufsoffen ist immer, samstags und sonntags, jedes Wochenende und auch an den Feiertagen.

Eigentlich gibt es nicht wirklich Feiertage, zumindest nicht, für die Geschäftsleute und deren Arbeitnehmer. Die einzigen drei Tage, im Jahr, an denen es schwierig ist, etwas zu bekommen, sind am 25. Dezember, am 4. Juli und an "Thanksgiving", dem 4. Donnerstag im November. An diesen Tagen haben sich viele Geschäftsleute dazu hinreißen lassen, ihre Türen geschlossen zu halten.
Doch wie gesagt, das gilt nicht für alle.
Es gibt immer welche, die 365 Tage im Jahr geöffnet haben.

Gerade der Feiertag "Thanksgiving" hat eine große Bedeutung in Amerika. Er kommt an Bedeutung etwa dem gleich, wie in Deutschland die Weihnachtsfeiertage. Es ist der Tag im Jahr, an dem sich die Familien gegenseitig besuchen und zusammen das Fest feiern. Halb Amerika ist an diesem Tag unterwegs zu den Verwandten und so ist es auch relativ schwierig, an diesem Tag oder am Tag zuvor oder danach, irgendwelche freien Plätze, in Flugzeugen zu bekommen. Gefolgt wird "Thanksgiving" dann vom "Black Friday". Da "Thanksgiving" der einzige Feiertag im Jahr ist, der auf einen Donnerstag fällt, nutzen viele Amerikaner die Gelegenheit, für einen freien Tag, am Freitag und somit, zu einem eventuell verlängerten Wochenende.

Diese Gelegenheit nutzen natürlich auch die Geschäftsleute aus. "Black Friday" ist der Haupteinkaufstag überhaupt, in den "Vereinigten Staaten". Die Geschäfte unterbieten sich gegenseitig, an diesem Tag, mit ihren Angeboten und viele werben bereits damit, dass am Freitagmorgen schon um 4:00 Uhr oder um 6:00 Uhr morgens, die Tore geöffnet werden, oder sogar schon um Mitternacht, dann gibt es einen 24 Stunden "Sale". Da dieser Tag nicht weit von Weihnachten entfernt ist, nutzen viele Amerikaner dies, um ihre Weihnachtseinkäufe zu machen. Entsprechend voll ist es in den Geschäften sowie auf den Straßen und Parkplätzen.
Es fühlt sich in etwa so an, als ob in Deutschland, am Tag nach den Weihnachtsfeiertagen, Winter- und Sommerschlussverkauf gleichzeitig abgehalten würden.

Ansonsten gibt es nur eine sehr ungewöhnliche Feiertagsregelung in Amerika. Es gibt nur vier Feiertage, die wirklich an bestimmten Tagen festgesetzt und nicht veränderbar sind.
Diese sind:
Weihnachten am 25. Dezember.
Neujahr am 1. Januar.
Der Unabhängigkeitstag "Independence Day" am 4. Juli.

Thanksgiving am 4. Donnerstag im November.

Zusätzlich, zu diesen Feiertagen, gibt es noch andere Tage, die als Feiertag bezeichnet werden, wie etwa "Martin Luther Kings Birthday", "Labor Day", "Memorial Day", "Veterans Day", "Columbus Day" und einige andere. Diese Tage haben normalerweise ein festes Datum im Kalender, so ist nun mal "Martin Luther Kings Birthday" ein ganz bestimmter Tag im Januar.
Trotzdem fällt dieser Feiertag immer auf einen Montag.
So hat man hier, in Amerika, ausgenommen der vier Feiertage, die ich bereits erwähnt hatte, folgende Feiertagsregelungen getroffen: Egal, an welchem Tag der Feiertag wirklich ist, wird der darauf folgende Montag zum offiziellen Feiertag erklärt. Das heißt, fällt "Martin Luther Kings" Geburtstag auf einen Dienstag, ist der Feiertag erst am kommenden Montag der Woche und nicht an dem Dienstag.
Man versucht damit, Brückentage zu vermeiden und so die Welt, für die Arbeitgeber etwas zu vereinfachen, obwohl diese sich, in der Regel, gar nicht daran halten, denn an Feiertagen wird meist ganz normal gearbeitet.
Die Einzigen, die sich heute noch an diese Feiertage halten, sind die Behörden oder Banken und auch da wird seit kurzer Zeit bei manchen Banken, der ein oder andere Feiertag, stillschweigend in einen Arbeitstag umgewandelt.

Wenn man dies aus der Sicht eines Angestellten, im Einzelhandel betrachtet, sind diese Feiertage, sogar die schlimmsten Arbeitstage im Jahr, denn meistens sind an solchen Tagen besondere "Sales", wofür die Geschäfte dann schon besonders früh geöffnet werden, oder bis spät in die Nacht offen bleiben.

Vermeiden Sie es also, wenn bei Ihnen gerade Feiertag ist und Sie mal wieder frei haben, einen Amerikaner zu fragen, ob bei ihm denn heute auch Feiertag ist. Diese Bemerkung ist eher ein Hohn, als gut gemeint, denn im Gegensatz zu den 15 gesetzlichen deutschen Feiertagen, welche ihnen in Deutschland zustehen, hat ein Amerikaner, wenn er Glück hat, gerade mal vier freie Feiertage.
Geht man jetzt noch davon aus, dass ein Arbeitnehmer in Deutschland mindestens drei bis sechs Wochen Urlaub hat, so entspricht das in etwa 30 bis 45 Tage im Jahr, in denen er bezahlt frei hat. Der Amerikaner hingegen hat etwa eine bis maximal drei Wochen Urlaub im Jahr und vier Feiertage, also etwa 9 bis maximal 19 freie Tage im Jahr, wobei, wie ich schon erwähnt hatte, freie Tage nicht automatisch bedeuten, dass diese auch bezahlt werden.

Kapitel 19
Friedhöfe

Da wir uns in diesem Buch mit kuriosen Dingen befassen, die es hier in Amerika gibt, will ich hier auch einige Kuriositäten erwähnen, die sich mit dem Thema Tod und Friedhöfe befasst.

Zum einen gibt es die Tatsache, dass man mit dem Auto auf den Friedhof fahren kann, das ist nichts Außergewöhnliches hier. Wie in einer Stadt sind die Straßen mit Namen beschildert und häufig parkt man sein Auto direkt vor der Grabstelle, oder wenigstens nicht weit davon entfernt. Erinnern Sie sich, was ich am Anfang des Buches erzählt habe, kein Amerikaner ist bereit, mehr als dreihundert Meter zu Fuß zu gehen. Dem wird auch auf dem Friedhof Rechnung getragen.
Bei größeren Friedhöfen, wie etwa in "Los Angeles", "New York" oder "Miami" ist es nicht ungewöhnlich, dass die Hauptstraßen, die durch den Friedhof führen, auch mal vierspurig sind.

Viele der neueren Friedhöfe besitzen auch keine Grabsteine mehr, so wie wir es von den Friedhöfen in Europa kennen. Der Friedhof besteht eigentlich nur aus einer riesigen Rasenfläche, mit Steintafeln, die im Boden liegen, damit man bequem, mit dem Rasenmäher, darüber fahren kann. Der Friedhof ist nichts Weiteres, als eine riesige Wiese, in der, in Reih und Glied, Steinplatten in den Boden eingelassen sind, um anzuzeigen, unter welchem Teil der Wiese, der Verstorbene liegt.
Dann wiederum gibt es ältere Friedhöfe mit monumentalen Bauwerken, insbesondere solcher von Großindustriellen oder Mafiagrößen. Manch eines, dieser Mausoleen, ist um ein Vielfaches größer, als ein normales Wohnhaus in Deutschland.

Und dann gibt es natürlich auch noch den "Drive In".
Einen "Drive In" auf dem Friedhof werden Sie sich fragen?
Wir sind doch hier nicht bei McDonald's!
Das nicht, aber einen "Drive In" gibt es, in Amerika, für alle Gelegenheiten. Nicht nur im Schnellrestaurant. Zwar nicht auf jedem Friedhof, aber doch auf einigen größeren.
Um den Angehörigen und Trauernden, das Leben zu erleichtern und ihnen den Weg, in die Leichenhalle, zu ersparen, wo der Verstorbene eventuell aufgebahrt

liegt, fährt man einfach mit dem Wagen an eine Art "Drive In" Schalter. Dort kann man dann, anhand der angeschlagenen Informationstafeln sehen, hinter welchem Fenster, der gesuchte Verstorbene liegt. Per Knopfdruck öffnet man den Vorhang hinter dem Fenster und so kann man, dem Verstorbenen, bequem seinen Respekt zollen, ohne das geliebte Fahrzeug verlassen zu müssen.

In "Kalifornien", zum Beispiel und den anderen Staaten an der Pazifikküste, kommt es zu einer anderen Absurdität, die für uns Europäer, unvorstellbar ist.
Dies hat mit dem hohen Anteil der asiatischen Bevölkerung, in diesem Bereich von Amerika, zu tun.
So gibt es auf diesen Friedhöfen große Areale, die ausschließlich chinesische beziehungsweise asiatische Grabstätten haben, ähnlich einer Art "Chinatown" auf dem Friedhof.
Diese Menschen zollen ihren Toten, häufig dadurch Respekt, indem sie sich, auf dem Friedhof treffen und dort ihr Wochenendmittagsmahl zubereiten. Ganze Großfamilien kommen für diese Zeremonie zusammen und bringen Tische, Stühle und alle anderen notwendigen Gegenstände mit.

Es ist also nicht sehr ungewöhnlich, wenn Sie mit dem Wagen, durch einen Friedhof in "Los Angeles", "San Francisco" oder "Seattle" fahren, dass dort eine Gruppe Chinesen, an einen Tisch sitzt und auf einem Grill, der direkt neben dem Grab des Verstorbenen aufgebaut ist, gerade ihre Mahlzeit zubereiten. Besonders an Wochenenden sind die Rauchfahnen, der Grillgeräte, deutlich, in diesen Teilen des Friedhofes zu erkennen.

Es hat so gar nichts mit der friedlichen Stille europäischer Friedhöfe zu tun, auf denen man sich kaum traut, ein lautes Wort zu sprechen.

Ganz im Gegenteil.

In diesem Bereich des Friedhofs hat man zu dieser Zeit, eher das Gefühl, in einem öffentlichen Stadtpark zu sein, wo sich die Familien, am Sonntagmittag zum Grillen treffen.

Eine ganz andere Eigenart findet sich bei Friedhöfen, in Staaten wie "Florida", insbesondere im südlicheren Teil, zum Beispiel in Städten wie "Miami".

Dort werden erst gar keine Gräber ausgehoben, sondern die Grabstellen meist oberirdisch angelegt. Das ist auch nicht verwunderlich, wenn man bedenkt, dass "Miami" nur wenige Zentimeter über dem Meeresspiegel liegt. Sollte man auf die Idee kommen, ein Loch in den Boden zu graben, wird es nicht lange dauern, bis man auf Wasser gestoßen ist.

Es macht also gar keinen Sinn, Gräber unterirdisch anlegen zu wollen, da sie sonst, die Toten, im Wasser beerdigen müssten. Das macht eine Beerdigung natürlich äußerst kostspielig. Nicht jeder hat das Geld, für seinen Verstorbenen, ein oberirdisches Mausoleum zu bauen.

Doch das, ist in der Regel auch gar nicht notwendig in Amerika.

Denn, im Gegensatz zu Deutschland, wo der Staat vorschreibt, dass ein Verstorbener, auf dem Friedhof bestattet werden muss, egal ob im Sarg oder in einer Urne mit Asche, ist dies in Amerika nicht Pflicht.

Natürlich kann man einen Sarg nicht einfach im eigenen Garten beerdigen. Dieser muss, wie auch in Deutschland, auf einem Friedhof untergebracht werden, es sei denn, man hat eine Genehmigung der Stadt, dies zu tun, was ab und zu auch vorkommt.

Lässt man den Toten jedoch verbrennen, so hat man die Möglichkeit, die Urne und somit den Verstorbenen, mit nach Hause zu nehmen. Dies ist eine preiswerte Alternative, um die teuren Friedhofsgebühren und Beerdigungskosten zu umgehen. So ist es nicht außergewöhnlich, wenn man eine amerikanische Familie besucht, dass deren Mutter oder Großvater, auf dem Sims, über dem Kamin steht.

In der Zwischenzeit geht man hier bereits so weit, dass selbst die geliebten Haustiere, wie die Katze oder der geliebte Hund, verbrannt werden können und man die Urne mit nach Hause nehmen kann.

Unsere Nachbarin, eine Katzenliebhaberin, hatte sich in ihrem Garten einen richtigen kleinen Friedhof angelegt. Als wir das erste Mal bei ihr zu Besuch waren und ihren Garten besichtigten, sind wir ziemlich erschrocken. Es sah aus, als hätte jemand eine ganze Reihe mit Kindergräbern angelegt, inklusive Grabstein und Grabeinfassung. Dort hatte sie doch tatsächlich, in ihrem Garten, sage und schreibe, sieben Katzen begraben und die Grabstellen wie auf einem richtigen Friedhof hergerichtet.

Die Tatsache, dass man die Urne eines eingeäscherten Familienmitgliedes mit nach Hause nehmen kann, führte zu einem, nicht minder skurrilen Ereignis, dass ich mit einem guten Freund erlebte.
Die Frau, mit welcher er verheiratet ist, war vor dieser Ehe, schon einmal, mit einem anderen Mann verheiratet gewesen, der inzwischen gestorben war. Wie häufig üblich wurde er eingeäschert. Die Urne nahm seine Witwe mit nach Hause und sie stand, auf einem Beistelltisch, im Wohnzimmer. Auch nachdem sie meinen Freund geheiratet hatte, war ihr früherer Ehemann also immer präsent.
Doch dies alleine ist nicht die absurde Geschichte.
Eines Tages, beim Aufräumen, stieß mein Freund, aus Versehen, die Urne um. Die Asche des Toten lag danach auf dem Teppichboden verstreut. Es stellte sich nun die Frage, wie konnte mein Freund die Asche wieder zurück in die Urne bekommen, ohne dabei pietätlos zu sein.
Sein erster Gedanke war natürlich der Staubsauger!
Doch das konnte er, wie er mir später erzählte, nicht übers Herz bringen, den ehemaligen Mann, seiner jetzigen Frau, durch die Staubsaugerfiltertüte zu jagen. Er hatte zwar kurz überlegt, den Staubsauger vorher zu reinigen, und eine neue Filtertüte, zum Auffangen der Asche, einzusetzen, brachte es aber nicht übers Herz die Reste des Verstorbenen mit dem Staubsauger einzusammeln.
Das Einzige, was ihm übrig blieb, war, die Asche mit einem Löffel, fein säuberlich, aus den Teppichfasern heraus zu kratzen und wieder in die Urne zurück zu bugsieren. Er hatte es so gründlich getan, wie auch nur irgend möglich. Doch jedes Mal, wenn der Teppichboden mal wieder gesaugt werden musste und er an diese Stelle kam, stoppte er kurzfristig und ließ die Stelle aus, um nicht doch, noch einige Reste der Person, im Staubsauger verschwinden zu lassen. Bestimmt hatte seine Frau, die von dem Vorfall nichts wusste, schon Dutzende Male diese Stelle mit dem Staubsauger gereinigt und dadurch wahrscheinlich auch die letzten Reste der Asche entfernt, doch er brachte es einfach nicht fertig, über diese Stelle mit dem Staubsauger hinwegzugehen.

Kapitel 20
"Drive In"

Nachdem ich Ihnen von der ungewöhnlichen Methode eines "Drive In" auf dem Friedhof berichtet habe, möchte ich Sie jetzt mit einem weiteren kuriosen "Drive In" bekannt machen.

Der "Drive In" selbst, ist eine sehr beliebte Einrichtung in den "Vereinigten Staaten", denn er unterstützt den Amerikaner dabei, sein Fahrzeug nicht verlassen zu müssen, was diesem, generell, äußerst unangenehm ist. So gehen viele Firmen und Unternehmen dazu über, für alles Mögliche und Unmögliche einen "Drive In" anzubieten, um dem Kunden die Möglichkeit zu geben, im Auto sitzen zu bleiben.

Den neuesten "Drive In", den ich letztens gesehen habe, war an einer Apotheke. Jetzt werden Sie sagen: „Das ist ja nichts Besonderes, wenn ich an einem Schalter, außen an der Apotheke meine Medikamente abholen kann. Das gibt es sogar in Deutschland."
Doch das habe ich auch nicht gemeint, dass dort Medikamente auf diese Weise, mit dem Auto abgeholt werden, das gibt es hier schon seit mehr als fünfzig Jahren.

Doch in der Zwischenzeit wird auch Folgendes angeboten:
Ein "Drive In" für Impfungen.

Die jährliche Grippeimpfung ist hier, in Amerika, eine große Sache. Die Pharmakonzerne versuchen einem, mit allen Mitteln, die ihnen zur Verfügung stehen, einzureden, dass die Grippeimpfung ein lebensnotwendiger Schritt ist. Ansonsten müsse man bitterlich, zwischen all den gesunden und geimpften Menschen zugrunde gehen. Mit allen Mitteln lockt man den Konsumenten dazu, sich impfen zu lassen.
"Buy one, get one free", also wer sich impfen lässt, kann noch jemanden mitbringen, der nichts bezahlen muss.
"Buy $20 or more, get your flu shot free", also freie Impfung bei einem Einkauf über 20 Dollar.

Doch nun das Allerneueste.

Man fährt einfach zur Apotheke, an den "Drive In" Schalter, kurbelt das Fenster herunter (hier in Amerika natürlich nur mit elektrischen Fensterhebern), hält seinen Oberarm nach draußen, ein kurzer Pieck mit der Nadel und man hat die obligatorische Grippeimpfung erhalten. Ohne dabei, auch nur einen Schritt, aus dem eigenen Auto zu tun.

Aus diesem Grunde sind auch nach wie vor Autokinos, in Amerika, sehr populär, denn wer will schon gern aus seinem Auto aussteigen und eventuell, zum Theater, laufen müssen, wenn er bequem darin sitzen bleiben kann und nur in seinem Radio die entsprechende Frequenz einstellen muss, um den Ton von der Leinwand zu hören.

Nun hat ein "Drive In" aber auch seinen Nachteil.
Gerade dann, wenn man sich in einem Restaurant oder einer Pizzeria, etwas zum Essen geholt hat und dieses vielleicht erst zu Hause verzehren will. Nicht immer ist das Gekaufte dann noch warm genug, wie man es gerne hätte.
Um dies zu umgehen, sind die Amerikaner auf eine verrückte Idee gekommen.

Mit einem Freund zusammen war ich an einer Pizzeria im "Drive In", wo wir eine Pizza bestellten, um sie mit nach Hause zu nehmen. Nachdem meinem Freund, der auf dem Fahrersitz saß, die Pizza ausgehändigt wurde, bat er mich, auf der Rückbank des Fahrzeuges Platz zu nehmen, damit er die Pizza auf meinen Sitz stellen könne.
Ich fragte ihn: „Bist du noch ganz normal?
Kannst du die Pizza nicht einfach auf den Rücksitz stellen?"
„Nein", sagte er, „da wird sie kalt."
Im ersten Moment verstand ich nicht, was er damit meinte.
„Setzt dich endlich nach hinten", wiederholte er, „ich muss die Pizza warmhalten."
Erst jetzt begriff ich, worauf er hinaus wollte, denn langsam wurde es warm unter meinem Hintern.
Er hatte die Sitzheizung angestellt!

Mit dieser Methode hielt er die Pizza warm, solange wir unterwegs waren. Heute ist mir bewusst, dass dies ein beliebtes Mittel, der Amerikaner ist, um Essen, welches sie irgendwo eingekauft haben, auf diese Weise, warmzuhalten.

Manch einer kauft ein Auto nur deshalb nicht, weil es keine Sitzheizung hat. Ich hatte mich schon oft gefragt, warum in einem so heißen Klima, wie in "Florida", 99 Prozent aller Fahrzeuge, obligatorisch mit einer Sitzheizung ausgestattet sind. Jetzt war mir klar, für was sie benutzt wurde.

Dass es nicht wirklich hilft, die Pizza warmzuhalten, muss eigentlich jedem einleuchten. Aber der Glaube daran, dass man im Auto eine eingebaute Heizplatte hat, um Gerichte aufzuwärmen oder warmzuhalten, lässt jeden Amerikaner daran glauben, dass seine Pizza noch dieselbe Temperatur hat, wenn er nach Hause kommt, wie zu dem Zeitpunkt, an dem er sie entgegengenommen hat.

Deshalb hat es auch gar keinen Zweck mit einem Amerikaner darüber zu diskutieren.

Kapitel 21
US Pass

In der Zwischenzeit hatten wir mehr als fünf Jahre in den "USA" gelebt. Dies war die Voraussetzung, um die amerikanische Staatsbürgerschaft zu beantragen. Eine weitere Voraussetzung war, dass man einen Staatsbürgerschaftstest absolvierte. In diesem wurden einem Fragen über die amerikanische Geschichte, das politische System und jede Menge anderer Dinge gestellt. Eigentlich viel mehr, als der Durchschnittsamerikaner über diese Dinge, in der Realität weiß. Kaum einer kann zum Beispiel sagen, der wievielte Präsident "Abraham Lincoln" war. Doch wenn man Amerikaner werden will, dann sollte man, bei dem Test, wissen, dass er Nummer 16 war. Man darf nämlich, in dem Test, nur einmal durchfallen. Wenn man ihn, beim zweiten Mal, nicht besteht, dann war's das, mit der US Staatsbürgerschaft.

Im Test wird auch festgestellt, ob man die Sprache Englisch lesen und schreiben kann, wobei viele Menschen, die als Amerikaner in diesem Land geboren sind, noch heute nicht in der Lage sind ein Wort in Englisch zu sprechen oder zu schreiben.

Gute Beispiele dafür findet man in "Little Havanna" in "Miami" oder "Chinatown" in "San Francisco". Es gibt dort genug Amerikaner, welche in diesen Vierteln geboren wurden, dort zu Schule gingen und ihr Viertel nie verlassen haben und somit kaum ein Wort Englisch sprechen.

Um am Staatsbürgertest teilnehmen zu dürfen, mussten wir unsere obligatorischen Fingerabdrücke abliefern, damit das "FBI" die Gelegenheit hatte, eine Recherche über uns anzustellen und zu sehen, ob wir, in den letzten Jahren, in denen wir in diesem Land gelebt hatten, uns nichts zuschulden kommen ließen.

Dies war für uns alle kein Problem, denn wir gingen einer ordentlichen Arbeit nach und hatten auch sonst keine "dunklen Flecken" auf unserer "weißen Weste". Wir absolvierten unsere Tests, bei der Einwanderungsbehörde in "Miami".

Zu diesem Zeitpunkt hatten wir auch beschlossen, unseren Namen ändern zu lassen. Dies ist in Amerika kein Problem, sofern man US Staatsbürger ist und einen plausiblen Grund dafür, vor Gericht, geltend machen kann.

Man kann jeden Namen wählen und ändern, den man will, egal ob Vor- oder Nachname.

Keiner hier konnte wirklich unseren Nachnamen "Jung" richtig aussprechen. Häufig wurden wir gefragt, ob wir aus "China" stammten, wegen des Nachnamens. Manchmal machte ich mir einen Spaß daraus und beantworten die Frage mit „ja", was zu einem Kopfschütteln des Fragenden führte und der Bemerkung: „Sie sehen aber gar nicht, wie ein Chinese aus."

Noch mehr Probleme hatten die meisten Amerikaner mit meinem Vornamen "Hans", den niemand wirklich richtig aussprechen konnte. Nun gibt es in Amerika, für alles Mögliche, automatische Telefonsysteme, bei denen man technischen Kundendienst erhält oder wo man Reservierungen vornehmen kann, sei es bei Kreditkartenunternehmen, Fluggesellschaften, Banken oder sonstigen Einrichtungen. Zu aller erst fragt der Automat nach ihrer Sozialversicherungsnummer, was noch kein Problem ist, insoweit ist unser Englisch auch in der Zwischenzeit für amerikanische Automaten verständlich. Doch dann wird meistens nach dem Namen gefragt.

Jetzt versuchen Sie einmal, den deutschen Namen "*Hans Jung*" einer amerikanischen, automatischen Maschine beizubringen. Egal wie sie diesen Namen auch aussprechen, die Maschine wird sie nicht verstehen. Ob sie das in sauberem Hochdeutsch tun, oder versuchen es in gequälten amerikanischen Englisch so auszudrücken, wie die meisten Amerikaner es aussprechen, es wird keinen Erfolg haben. Aus diesem Grund wurde ich auch schon, aus zwei bereits gebuchten Linienflügen nach Europa gestrichen und war verwundert, als ich auf dem Flughafen ankam, dass ich nicht mehr auf der Passagierliste stand, denn der Automat hatte meine Rückbestätigung für die Buchung nicht verstanden und nicht angenommen.

Wir kamen deshalb zu dem Entschluss, dass es sinnvoller sei, unseren Namen zumindest in eine amerikanische Version abzuändern, denn für uns, war bereits zu diesem Zeitpunkt klar, dass wir nicht mehr wieder nach Deutschland zurückkehren würden. So nutzen wir die Gelegenheit, im Zuge des Antrages auf die US Staatsbürgerschaft, auch einen Antrag auf Namensänderung zu stellen.

Nach Abschluss des Tests und der Prüfung unserer Unterlagen bekamen wir, nach wenigen Wochen Bescheid, dass unser Antrag auf Einbürgerung, stattgegeben wurde und wir wurden zur Einschwörung eingeladen.

In einer feierlichen Zeremonie erhielten wir die Dokumente für unsere amerikanische Staatsbürgerschaft.

Zehn Jahre nach unserem Antrag auf "Greencard" und über fünfzehn Jahre, nach dem Entschluss, nach Amerika auswandern zu wollen, hatten wir es erreicht, amerikanische Staatsbürger zu werden. Etwas früher, als wir es vor zehn Jahren geplant hatten, nun aber doch zufrieden, dass wir es soweit geschafft hatten und in unserem neuen Leben angekommen waren.

Kapitel 22
Hurrikan "Wilma"

Nur wenige Wochen später änderte ein tropischer Wirbelsturm, unser Leben in diesem Land, vollkommen.

Es war in der letzten Oktoberwoche des Jahres 2005. Die Hurrikan Saison war schon beinahe vorüber. Die letzten fünf Monate hatten wir damit zugebracht, ständig unsere Gartenmöbel und alles, was eventuell durch einen Sturm verrückbar war, nach drinnen und draußen zu tragen. Es war die heftigste Sturmsaison, die wir je in "Florida" erlebt hatten.
Wir hatten bereits 22, mehr oder weniger heftige Stürme, in den letzten fünf Monaten, hinter uns gebracht, dass bedeutete, fast jede zweite Woche einen tropischen Sturm. Niemand rechnete wirklich mehr mit einem großen Sturm, denn die Hurrikan Saison sollte nur noch sechs Wochen andauernden und um diese Jahreszeit waren schwere Stürme, eigentlich eine Seltenheit.

Hurrikan "Wilma" war im "Golf von Mexiko" unterwegs und hatte auf der mexikanischen Halbinsel "Yucatán" bereits schwere Verwüstungen angerichtet. Doch die Meteorologen des "National Hurrican Center" in "Miami" beruhigten die Bevölkerung, als der Sturm Richtung "Florida" drehte. Man sprach davon, dass er sich dramatisch abschwächen würde und nur noch als Hurrikan der "Stufe 1" auf das Festland auftreffen würde. "Stufe 1" bedeutet in diesem Falle, eine Windgeschwindigkeit von ungefähr 110 bis 120 Kilometer pro Stunde.
Bei dieser Windgeschwindigkeit, macht sich, hier in "Florida", keiner mehr Gedanken, denn Stürme, mit dieser Stärke, hatten wir jedes Jahr mehrere. Die Zerstörungen dabei sind relativ gering, da in den letzten Jahrzehnten, die Bauvorschriften für "Florida", dahin gehend geändert wurden, dass nur noch Häuser, aus massivem Stein gebaut werden durften. Meist trafen die Stürme "Trailerpark-Siedlungen" oder ältere, aus Holz gebaute Wohnhäuser und richteten dort große Zerstörungen an. Die nach den neueren Vorschriften erbauten Häuser blieben meist ohne große Beschädigungen.

Im Laufe der nächsten zwei Tage wurde immer klarer, dass der Sturm unseren Ort "Naples" direkt treffen würde. Der vorhergesagte Pfad deutete darauf hin, dass die Stadt mit einem "Direct hit" rechnen musste. Doch noch immer, selbst 24 Stunden vorher, sprachen die Meteorologen von einem schwachen Sturm.

Das änderte sich jedoch, bereits kurz darauf.

Mit Beginn der Nacht, die hereinbrach wurde der Sturm, der auf unseren Ort zuraste auch bedeutend stärker. Bereits um 2:00 Uhr nachts trafen die ersten Ausläufer, des Sturms, das Festland und legten die Stromversorgung lahm. Somit wussten wir auch nicht mehr, was weiterhin im Fernsehen oder Radio über diesen Sturm gemeldet wurde.

Wir waren, erst einmal, von der Außenwelt abgeschnitten und warteten darauf, was weiter geschehen würde.

Bereits um 3:00 Uhr nachts maß meine Wetterstation, auf unserem Dach, Windgeschwindigkeiten von mehr als 150 Kilometern pro Stunde.

Die Palmen bogen sich im Wind und die ersten Kokosnüsse flogen, wie Kanonenkugeln, durch die Gegend. Ab diesem Zeitpunkt wurde es lebensgefährlich, das Haus zu verlassen. Wir mussten befürchten, dass, wenn der Wind stärker würde, er uns die Fenster eindrücken würde oder wir unser Dach verlieren würden. Wir hatten bereits die Schwachstellen des Hauses mit Brettern verrammelt, doch das hilft, ab einer gewissen Windgeschwindigkeit auch nichts mehr.

Um 5:00 Uhr morgens traf der Sturm dann mit seiner ganzen Heftigkeit auf das Land. Das Auge des Hurrikans zog ungefähr, in einer Entfernung von einem Kilometer, an unserem Haus vorbei. Die Windgeschwindigkeit auf unserem Hausdach betrug zu diesem Zeitpunkt 240 Stundenkilometer. An Schlafen war nicht mehr zu denken. Wir waren sicher, dass wir in dieser Nacht, unser Haus verlieren würden. Der Wind hämmerte an die Haustür und man konnte förmlich fühlen, wie er versuchte, diese einzudrücken. Wir konnten hören, wie sich unsere Dachbalken dem Wind, mit lautem Ächzen, entgegen stemmten, um zu verhindern, dass es abgehoben wurde. Wir hörten, wie die Ziegel auf dem Dach, im Wind, klapperten und immer wieder schlugen umherfliegende Geschosse, aus Pflanzenteilen, Kokosnüssen, abgerissenen Bauteilen und Sonstiges, in unserer Außenfassade ein. Dies alles verursachte zusätzlich ohrenbetäubenden Lärm, als ob ein Güterzug durch unser Haus raste.

Es war klar, wenn der Sturm es schaffte, jetzt an irgendeiner Stelle in unser Haus zu gelangen, sei es durch die Tür, ein zersplittertes Fenster oder einen Riss im Dach, wäre es um das Haus und wahrscheinlich auch um uns geschehen.

Es dauerte bis vormittags um 11:00 Uhr, bis der Wind soweit abgenommen hatte, dass es wieder sicher war, vor die Tür zu gehen und es auch keine Gefahr mehr bestand, dass wir Fenster, Türen oder Dach verlieren würden.

Wir wagten einen Blick nach draußen.

Es sah aus, als hätte eine Bombe eingeschlagen.

Kaum einer der Bäume, Pflanzen oder Büsche, die vorher da waren, waren noch zu sehen. Unser Gartenzaun war auseinandergerissen und der Garten war übersät von Unmengen abgerissener Palmzweige und anderen Dingen, die durch die Luft geflogen waren. Als Erstes wagte ich einen Blick auf das Dach, um zu sehen, wie viele Ziegel wir, in dieser Nacht, verloren hatten. Zu meinem Erstaunen war alles intakt.

Unser Haus hatte den Sturm, ohne große Schäden überstanden, nicht jedoch das zweite Haus, welches wir zu diesem Zeitpunkt besaßen und in welchem unsere beiden Töchter wohnten. Es hatte in der Nacht das Dach verloren und ein riesiger Baum war auf das Grundstück gestürzt. Die Verwüstung sah verheerend aus. Wir hatten große Mühe überhaupt, bis zum Haus unserer Töchter zu gelangen. Immer wieder versperrten umgestürzte Bäume oder Gebäudeteile, die auf der Straße lagen, den direkten Weg dorthin.

Nur über den Umweg, vieler anderer Straßen konnten wir zu dem Haus gelangen.

Teile der Stadt waren überschwemmt und in manchen Straßen stand das Wasser so hoch, dass die Kinder sie benutzten, um schwimmen zu gehen.
Viele Autos waren zerstört, entweder durch heruntergefallene Teile oder dadurch, dass sie fast bis zum Dach, in der Flutwelle gestanden hatten.
Die Gegend, in der wir bisher gelebt hatten, war nicht wieder zu erkennen.
Keine Ecke sah mehr so aus, wie wir sie kannten.
Viele Häuser hatten ihre Dächer verloren, Tankstellen waren in sich zusammengestürzt und überall lagen Schutt und Trümmer.

Alles in allem konnten wir jedoch noch zufrieden sein, was der Sturm mit unserem Eigentum angerichtet hatte. Wir waren, im Gegensatz zu vielen anderen, noch relativ glimpflich davon gekommen.

Die Tage danach sollten uns jedoch auf eine neue, harte Probe stellen.
Die Temperatur, im Freien, lag tagsüber bei etwa 30 Grad Celsius und die Luftfeuchtigkeit lag bei über 90 Prozent. Das ist solange ganz schön, solange man eine funktionierende Klimaanlage im Haus hat.
Doch Strom gab es jetzt erst einmal, für längere Zeit, nicht mehr.
Die Temperatur im Haus war somit identisch zu der Außentemperatur. Das machte das Leben nicht gerade leichter. Langsam aber sicher schmolzen nun auch unsere Lebensmittel in unserem Gefrierschrank. Wenigstens besaßen wir

113

einen Gas-Gartengrill, wo wir die aufgetauten Lebensmittel kochen oder braten konnten, um sie etwas länger haltbar zu machen.

Unser Hauptproblem war jedoch unser Kaffee.

Wir waren es gewohnt, unseren Kaffee, in einer Kaffeemaschine, immer zu dem Zeitpunkt zubereiten zu lassen, wenn wir eine Tasse brauchten. Die Maschine mahlte, in diesem Moment, die frischen Bohnen und brühte anschließend den Kaffee. Das Einzige, was wir also im Haus hatten, waren komplette Kaffeebohnen. Wir besaßen weder Kaffeefilter, noch eine Maschine um die Kaffeebohnen zu mahlen. Einkaufen konnten wir nichts.

Alle Geschäfte waren geschlossen, denn auch sie hatten keinen Strom. Also begannen wir, die Kaffeebohnen, mit einem Hammer klein zu schlagen.

So weit so gut.

Nur wie sollten wir diese zerschlagenen Bohnen jetzt filtern. Heißes Wasser war kein Problem, das konnten wir auf dem Grill erwärmen. Als Kaffeefilter behalfen wir uns dann mit dem Tuch einer Küchenrolle.

Seien Sie froh, dass Sie diesen Kaffee nicht trinken mussten, er schmeckte fürchterlich.

Die Situation verschlimmerte sich, von Tag zu Tag, solange es keinen Strom gab. An den Tankstellen konnte man kein Benzin mehr bekommen, da deren Pumpen und Kassen nicht funktionierten.

An den Banken konnte man kein Geld bekommen, da die Automaten nicht funktionierten und alle Schalter, der Banken, erst einmal geschlossen waren.

Die Lebensmittel verdarben langsam, das Wasser wurde knapp und es kam, je länger das Dilemma dauerte, zu Plünderungen in der Stadt. Die Einsätze der Polizei wurden immer häufiger. Auch die Diebe hatten erkannt, dass in den Geschäften keine Alarmanlagen mehr funktionierten, Notrufe gestört waren und die Polizei nicht an allen Ecken und Enden gleichzeitig sein konnte. Drei Tage, nach dem Sturm, musste letztendlich die Nationalgarde einmarschieren, um eine komplette Plünderung des Ortes, zu verhindern. Die Zustände, zu diesem Zeitpunkt, waren furchterregend.

Trotz allem begannen die ersten Geschäfte in "Naples" wieder ihren Betrieb aufzunehmen, auch ohne Strom, denn "Business" ist alles, egal wie man es bewerkstelligen konnte.

Meine Frau erhielt eine Benachrichtigung von ihrer Bank, dass sie am nächsten Tag zu arbeiten hätte.

„Wie soll das funktionieren?", sagte sie, „nichts geht, kein Computer, keine Kasse, wie sollen wir Konten führen oder Auszahlungen machen und ich habe überhaupt keine Gelegenheit mich irgendwie zu duschen, Ich kann doch nicht so, wie ich jetzt bin, dort erscheinen."

Doch ihr blieb nichts anderes übrig.

Das ist typisch Amerika. "Business" geht vor Rücksichtnahme!

Das Wasser aus den Getränkeflaschen und ein Waschlappen mussten reichen, um sich am nächsten Tag, für die Bank, frisch zumachen. Alle Aus- und Einzahlungen mussten per Hand auf Zettel geschrieben werden, um sie, wenn später mal wieder Strom sein sollte, nachtragen zu können. Eine unendliche, unproduktive Prozedur.

Genauso ging es auch in anderen Geschäften zu. Die Registrierkassen funktionierten nicht und die lebensnotwendigen Dinge, die in manchen Läden noch vorhanden waren, waren innerhalb weniger Stunden ausverkauft.

Das ganze Drama hielt mehr als eine Woche an.

Dann gab es endlich wieder Strom und alles kehrte, langsam aber sicher, wieder zur Normalität zurück.

Jedoch nicht in unseren Köpfen.

Immer wieder spielten wir durch, was uns hätte passieren können und sagten uns, dass wir so etwas nicht noch einmal erleben wollten. Innerhalb der nächsten vier Wochen beschlossen wir, "Florida" zu verlassen. Natürlich wollten wir nicht die "Vereinigten Staaten" verlassen, das war klar, aber wir wollten an irgendeine Stelle, wo wir sicher vor der Naturgewalt eines Hurrikans sein konnten. Ein weiteres Kriterium, für unsere Wahl sollte sein, dass wir uns weiterhin, in einem relativ warmen Staat aufhalten wollten. Die Zeiten wie in Deutschland, mit kalten Wintern und kurzen Sommern, wollten wir nicht wieder haben.

So war die Auswahl ziemlich begrenzt.

In den Westen, nach "Kalifornien", wollten wir nicht gehen, auch wegen der Erdbeben. Von Naturkatastrophen hatten wir erst einmal die Nase voll.

Auch der Norden von "Florida" war erstmal abgehakt.

Das nördlich davon liegende "Georgia", sowie "Louisiana", "Alabama", "Texas" und die angrenzenden Golfstaaten kamen auch nicht infrage, all diese waren genauso Hurrikan gefährdet wie "Florida".

Die nächsten Staaten, die man immer noch mit relativ mildem Klima bezeichnen konnte, waren das nördlicher gelegene "South Carolina" und "North Carolina".

Wir entschieden uns für "South Carolina".

Jedoch für einen Ort, der mindestens hundert Kilometer von der Küste des Atlantiks entfernt lag.

Der Ort, den wir dann auswählten, hatte den Namen "Chester".

Er lag ungefähr 40 Kilometer südlich der Staatsgrenze zu "North Carolina" und deren größter Stadt "Charlotte". Das Klima dort war noch relativ mild. Schnee kannte man eigentlich kaum, höchstens an einem oder zwei Tagen im Jahr. Der Winter war somit relativ kurz, etwa sechs bis acht Wochen im Jahr. Der Herbst und der Frühling waren auch nicht viel länger als vier Wochen und so gab es einen Sommer, mit weit über sechs Monaten Länge.

Da es auch noch Palmen in dieser Gegend gab, hatten wir somit, weiterhin das Gefühl, in einem südlichen Land zu wohnen.

Jetzt mussten wir nur noch unser Haus in "Florida" verkaufen und dann waren wir bereit für ein neues Abenteuer. Dass diese neue Welt nichts mehr mit dem Amerika zu tun hatte, was wir bisher kannten, konnten wir aber zu diesem Zeitpunkt noch nicht wissen.

Kapitel 23
"South Carolina"

Unsere neue Heimat war nun "South Carolina", einer der typischen Südstaaten in Amerika, mit langer Geschichte, wie Sklavenhaltung, Baumwollplantagen, Bürgerkrieg. Genau die Gegend, von der mir mein Großvater, als Kind, erzählt hatte. Wir kaufen das Haus einer alten Plantage aus dem Jahre 1840. Von der Plantage standen nur noch das Herrenhaus und ein großer Park, von dem es umgeben wurde.

Im Park befanden sich Dutzende von Bäumen, die weit über hundert Jahre alt waren.

Der Ort selbst hatte nur knappe 6000 Einwohner, von welchen etwa 80 Prozent dunkler Hautfarbe waren, also die Abkömmlinge der ehemaligen Sklaven, die hier auf den Baumwollfeldern, damals, arbeiten mussten.

Wir waren in einer komplett anderen Welt gelandet.

Nun lernten wir das Amerika kennen, fern ab vom Trubel der Tourismus Hochburgen, in "Florida", oder anderer Großstädte in den "Vereinigten Staaten". Wir waren im tiefsten Hinterland gelandet.

Hier waren die "Rednecks" zu Hause, so genannt wegen ihrer roten Nacken, welche sie sich ständig, im Freien, in der Sonne verbrannten.

Nichts war mehr so, wie wir es bisher kennengelernt hatten.

Die Veränderung könnte man etwa damit vergleichen, indem ein Hamburger, der immer in der Stadt gelebt hat, in einem kleinen Ort, in Niederbayern zieht.

Entsprechend wurden wir mit Kuriositäten konfrontiert, die wir bisher nicht für möglich gehalten hatten.

Meine Frau übernahm, in dem Ort, wieder eine Arbeitsstelle bei der lokalen Bank. Doch die Arbeit hier lief etwas anders ab, als sie es von "Florida" her kannte. Jeder kannte jeden und sie wurde erst einmal wie ein Exot behandelt. Niemand wusste wirklich etwas von Europa und so wurden ihr so manche verrückte Fragen gestellt.

„Ist Deutschland ein Bundesstaat in Europa?"

„Ist Deutschland, nach dem Fall der Mauer, jetzt nicht mehr kommunistisch?"

„Warum trägt ihr Mann keine Lederhosen?"

„Sind Frauen in Deutschland auch unter den Armen und an den Beinen rasiert?"

Ich könnte jetzt diese Art der Fragen, noch weiter fortführen, doch will ich mich hier mehr auf das Wesentlichen konzentrieren.

Ich selbst arbeitete weiterhin als Notar.

Zu diesem Zweck musste ich jedoch, erneut eine Prüfung ablegen, denn nun lebten wir in einem anderen Staat mit anderen Gesetzen. Auch galt unser Florida Führerschein hier nicht mehr, er musste umgeschrieben werden und auch unsere Fahrzeuge bekamen neue Nummernschilder. Es ist nicht einfach so, dass man von einem Staat in den anderen zieht und es bleibt alles, wie bisher, es ist eher so, als ob man von Deutschland nach Frankreich ziehen würde. Neue Gesetze und Vorschriften, was bisher galt, gilt hier nicht und umgekehrt.

Brauchte ich zum Beispiel in "Florida" keine Trauzeugen für eine Hochzeit, oder eine andere Beurkundung, so musste ich jetzt immer dafür sorgen, dass irgendein Zeuge anwesend war und wenn man ihn von der Straße holen musste.

Ein Auto konnte man jetzt nur noch anmelden, wenn man nachweisen konnte, dass man seine Grundsteuer bezahlt hatte, denn in Miete wohnte hier niemand mehr.

Wer sich kein Haus im Ort leisten konnte, wohnte entweder in eine Hütte außerhalb, oder in einem Wohntrailer, der auf irgendeinem Feld abgestellt war. Der

Vorteil dabei war, dass dadurch die Grundsteuer nur sehr gering war. Der Nachteil, kein Anschluss an die öffentliche Wasserleitung oder Kanalisation. Also bohrte sich jeder, der außerhalb der Ortsgrenze wohnte einfach einen Brunnen hinter dem Haus. Die Müllabfuhr endete ebenso an der Ortsgrenze, also wurde der Müll hinterm Haus verbrannt und alles, was nicht verbrennt, einfach irgendwo auf dem Grundstück abgestellt. Ich habe noch nie so viele rostige Teile in der Landschaft herumstehen sehen, wie hier.

Unsere Töchter, die mittlerweile erwachsen waren und ihren Freundeskreis in "Florida" hatten, zogen nicht mit uns nach "South Carolina". Beide gingen nach "Miami" um dort zu leben. Ungefähr 1000 Kilometer, von uns entfernt.

Was uns jedoch, am Anfang, am meisten zu schaffen machte, war die Sprache. Natürlich sprachen die Menschen in "South Carolina" auch Englisch, aber ein Englisch, von dem wir, fast kein Wort verstehen konnten. Der Dialekt der Einheimischen war so stark, dass wir in den ersten Tagen, fast kein Wort von dem verstanden, was die Leute mit uns redeten.

Insbesondere erinnere ich mich dabei an eine Begebenheit, an einer Supermarktkasse.
Normalerweise wird man in Amerika mit einem "How are you" begrüßt. Doch dort war alles anders. Die Leute sprachen generell in der Mehrzahl oder der dritten Person, wenn sie einen anredeten, so wie man es in Deutschland oftmals zu Anfang des 20. Jahrhunderts tat. Ich stand also alleine an der Supermarktkasse.
Der Kassierer sagte zu mir: „How y' all?"
Ich drehte mich um, um zu sehen, welche Leute er noch damit gemeint hatte, denn wörtlich übersetzt heißt das etwa so viel wie: „Wie geht, es euch allen?"
Doch hinter mir stand niemand. Erst später begriff ich, dass dies die allgemeine Anredebezeichnung war, um guten Tag zu sagen.

Der Ort "Chester", in den es uns verschlagen hatte, war scheinbar in der Zeit stehen geblieben. Man hatte das Gefühl, in der Zeitrechnung, dreißig bis fünfzig Jahre nach hinten versetzt worden zu sein. Nach wie vor fand hier noch eine gewisse Art von Rassentrennung statt. Die Straße, in der wir jetzt wohnten, wurde ausschließlich von Weißen bewohnt. Hier hatten sich die Anwälte, Richter, Ärzte und sonstige gut betuchte Leute niedergelassen. Sie alle wohnten in herrschaftlichen Häusern, die meist aus dem 19. Jahrhundert stammten. Die Straße selbst war eine Allee, welche von hundertjährigen Laubbäumen eingerahmt wurde.

Wir wurden jedoch, sehr schnell, im Kreise dieser Leute aufgenommen, doch standen wir jetzt, unter ständiger Beobachtung, denn in diesem Teil von Amerika, waren wir, als ehemalige Deutsche, die Exoten, denn kaum ein anderer, in diesem Ort, stammte aus einer anderen Gegend. Fast alle waren hier geboren und lebten, seit ihrer Kindheit, in diesem Dorf.

Fast jeder, den wir kennenlernten, fragte uns zuerst nach unserer Religionszugehörigkeit. Wir waren anfangs ziemlich verwundert darüber, bis uns klar wurde, dass wir in den "Bibelgürtel" von Amerika gezogen waren.
Schon bereits am Anfang war es uns etwas außergewöhnlich vorgekommen, dass an fast jeder Straßenecke eine Kirche stand und wir stellten fest, dass der Ort, trotz seiner nur 6000 Einwohner, über 80 Kirchen hatte.
Die Kirche und ihre Regionen bestimmten das Leben in dieser Gegend von Amerika. Da im Umkreis von 250 Metern, von einer Kirche, Schule oder eines öffentlichen Gebäudes, kein Alkohol ausgeschenkt werden durfte, befanden sich fast alle Lokale am Ortsrand oder hinter der Ortsgrenze.

Die Leute waren dann auch besonders erstaunt darüber, dass ich am Sonntagmorgen den Rasen meines Gartens mähte, anstatt in irgendeiner der Kirchen zu sitzen. Gerade am Sonntag machten sich alle besonders fein für die Kirche. Die "Rednecks", die sonst nur Tarn- und Jagdkleidung trugen, hatten sich herausgeputzt und insbesondere bei der schwarzen Bevölkerung war der Sonntag heilig. Das war der Tag, an dem man den weißen Anzug und die dicken Goldketten trug, die Schuhe aus Krokodilleder und den Stock mit dem vergoldeten Knopf am oberen Ende. Die Frauen trugen rauschende Kleider und Schirme, um sich vor der Sonne zu schützen. Auch die Kinder waren in diesem "Outfit" herausgeputzt. So stolzierten sie, am frühen Sonntagmorgen, in die Kirchen und waren bis zur Mittagzeit nicht mehr zu sehen. Nach einem kurzen Essen zu Mittag verschwanden sie dann, bis zum späten Abend wieder in der Kirche. Das Dorf war in dieser Zeit wie ausgestorben, also die beste Zeit um seinen Rasen zu mähen, was ich wegen der hohen Temperaturen, meist mit freiem Oberkörper tat, wie ich es aus "Florida" gewohnt war, wo sich niemand darüber aufregte.

Doch hier war alles ganz anders.

Als wir dann, eines Tages, an einem Sonntag, im Supermarkt unseren Lebensmitteleinkauf erledigten, hatten wir auch eine Flasche Wein in unserem Einkaufswagen.

Ich stellte alle Waren vor dem Kassierer auf das Förderband. Dieser ergriff die Flasche Wein und stellte sie unter seinen Tresen.

„Entschuldigung", sagte ich, „aber den Wein, wollten wir eigentlich kaufen."

„Das geht nicht", antwortete er mir.

„Wieso?", fragte ich, „ist etwas mit dem Wein nicht in Ordnung?"

„Doch, doch, der Wein ist in Ordnung", sagte er, „aber es ist Sonntag."

„Was hat das mit dem Wein zu tun?", fragte ich.

„An einem Sonntag dürfen wir ihnen keinen Alkohol verkaufen", antwortete der Verkäufer.

„Wie bitte?", erwiderte ich entsetzt.

„Sonntags ist der Verkauf, von Alkohol, in "South Carolina" verboten", wurde ich belehrt, „wenn sie Sonntags Alkohol kaufen wollen, dann müssen sie nach "North Carolina" fahren, doch sie dürfen den Alkohol nicht nach "South Carolina" mitbringen, das ist Schmuggel von Alkohol über eine Staatsgrenze."

Meine Frau und ich schauten uns gegenseitig an und dachten nur: „Oh mein Gott, wo sind wir denn gelandet?"

Ab diesem Zeitpunkt kauften wir unseren Wein immer an Werktagen ein, denn immerhin war es nicht verboten, den Alkohol am Sonntag zu trinken.

Wie bereits erwähnt, stammte unser Haus aus dem Jahre 1840. Alles in allem war es in einem sehr guten Zustand, bis auf einem Raum und dies war die Küche. In den Häusern, aus dieser Zeit, war normalerweise überhaupt keine Küche im Haupthaus. Die Küche war in der Regel, in einem separaten Haus, außerhalb des Haupthauses untergebracht, um Gefahren, durch das damals übliche, offene Feuer zu vermeiden. Jedoch hatten die wohlhabenden Vorbesitzer, in den dreißiger Jahren, das Haus umbauen lassen und auf diesem Wege mehrere Badezimmer und eine Küche eingebaut. Die Küche schien auch noch genau aus diesem Jahr zu sein. Zwar gab es einige neuere Küchengeräte, aber auch diese hatten mindestens dreißig oder vierzig Jahre auf dem Buckel.

Wir beschlossen zuerst, die komplette Küche zu renovieren. Eigentlich ist renovieren hier das falsche Wort. Alles musste aus diesem Raum entfernt werden. Nichts, aber auch gar nichts, war zu gebrauchen. Weder der alte Linoleumboden, noch die Wände aus Gipskarton, noch irgendein anderes Teil innerhalb der Küche.

Wir beauftragten einen lokalen Bauunternehmer und einen Schreiner, für diese Arbeiten. Leider konnten wir zu diesem Zeitpunkt nicht wissen, dass der Bauunternehmer wohl nur Leute beschäftigte, die nach vier Jahren von der Schule abgegangen sein mussten, denn was dann passierte, konnte kaum von Leuten bewerkstelligt werden, deren Bildung über die Grundschule hinaus ging.

Kapitel 24
Küche mit Hindernissen

Alles wurde aus der alten Küche herausgerissen, selbst die Innenwandverkleidungen, weil Teile der Rohre auch erneuert werden mussten. Nachdem alle Wände offen lagen, war nur noch der alte Linoleumboden, auf den alten Bodenbrettern übrig geblieben. Wir hatten uns entschlossen, auch diesen zu entfernen und durch Fließen ersetzen zu lassen.

Als ich an diesem Morgen, das Haus verließ, um einen Termin wahrzunehmen, war ich der festen Überzeugung gewesen, dass die Arbeiter, an diesem Tag, den Linoleumboden entfernen würden. Nachdem ich, nach drei Stunden, wieder zurück war, hatten sie bereits ein Viertel der Küche gefliest, jedoch ohne den Linoleumboden zu entfernen. Sie hatten die Fliesen, einfach auf den alten Boden aufgeklebt.

Als ich darüber entsetzt war und sie darauf aufmerksam machte, verstanden sie gar nicht, warum und worüber ich mich aufregte. Mit unverständlichem Kopfschütteln rissen sie alles wieder heraus und entfernten nur widerwillig den alten Linoleumboden, da sie nicht begriffen hatten, was es für einen Unterschied machen würde, die Fliesen auf das Linoleum oder die alten Bretter zu kleben.

Nachdem der Boden entfernt war und die alten Bretter darunter versiegelt wurden und ein neuer Estrich aufgebracht war, begannen sie, am nächsten Tag, wieder mit dem Verlegen der Fliesen, während ich in meinem Büro arbeitete. Leider hatte ich es versäumt, zwischendurch mal nach dem Rechten zu schauen. Noch immer war ich in dem festen Glauben, dass sie wissen, was sie tun.

Dem war jedoch absolut nicht so.

Am Nachmittag kamen sie stolz in mein Büro, um mir zu verkünden, dass die Fliesen fertig gelegt seien und ich ihr Werk begutachten sollte. Sie waren besonders stolz, da sie mir berichteten, dass sie auch gleich die Wände, wieder mit neuen Gipskartonplatten, verkleidet hatten.

Mit Entsetzen sah ich, was sie angerichtet hatten.

„Wo ist denn der Abfluss für die Spüle hingekommen?", fragte ich.

Sie schauten sich nur gegenseitig ungläubig an. Sie hatten doch tatsächlich vergessen, das Loch in der Wand offen zu lassen, wo das Abflussrohr der Spüle war. Ebenso hatten sie alle anderen Öffnungen, wie die Auslassungen für die Steckdosen, Wasserrohre und Elektrik, fein säuberlich zugebaut. Keine einzige Öffnung war an der Wand oder im Boden zu sehen. Ich konnte von Glück sagen, dass sie nicht auch noch die Fenster, mit den Gipskartonplatten zugebaut hatten.

Sofort fiel mir wieder die Geschichte der "Schildbürger" aus meiner Kindheit ein.

„Das mussten auch solche Deppen gewesen sein", dachte ich und bestand darauf, dass alles wieder abgerissen wurde.

Also das Ganze noch einmal.

In diesem Moment war ich mir jedoch noch sicher, dass ein Fehler, dieser Art, sich nicht noch einmal wiederholen würde.

Sie belehrten mich jedoch eines Besseren und zeigten mir, dass der Dummheit wirklich keine Grenzen gesetzt sind.

Nachdem der Schreiner die Küchenschränke angeliefert hatte, kamen unsere "Schildbürger" wieder und begannen nun, die Schränke, entsprechend dem Plan, in die Küche einzubauen.

Auch diesmal legten sie keinerlei Wert darauf, zu bedenken, dass Abflussrohre, Stromleitungen und sonstige Installationen Löcher benötigten, um diese, durch die Küchenschränke, in die Wand zu verlegen.

Fein säuberlich bauten sie alles ein und bei der Begutachtung, war wiederum keine Stelle zu sehen, wo das Abflussrohr der Spüle, durch die Rückwand des Küchenschranks zu erreichen war oder wo die elektrischen Leitungen aus der Wand kamen, um den Herd anzuschließen.

Daraufhin musste erneut, alles ausgebaut werden, um die entsprechenden Öffnungen, in die Küchenschränke zu sägen, bevor man sie wieder, an der vorgesehenen Stelle einbaute.

Zu diesem Zweck musste jedoch der Strom im Haus abgestellt werden, da die elektrischen Leitungen, für den Herdanschluss, verlegt werden mussten.

Zu diesem Zeitpunkt war es bereits Freitagnachmittag. Ich war sicher, dass schon bald, wenn sie mit ihrer Arbeit fertig sein würden, die Stromversorgung wieder funktionieren würde.

Doch da hatte ich mich getäuscht.

Die "Schildbürger" hatten, ohne auch nur ein Wort zu sagen, Feierabend gemacht, ohne meinen Strom im Haus wieder herzustellen. Ich konnte es nicht glauben. Sie gingen einfach ins Wochenende und ließen mich glatt, ohne Strom sitzen. Ich ging also zum Sicherungskasten, um die Sicherung wieder einzuschalten, die, wie ich gedacht hatte, für diese Arbeiten abgeschaltet war.

Doch auch hier hatte ich mich getäuscht.

Der gesamte Sicherungskasten war ausgebaut worden und die Kabel hingen nun in allen Richtungen in die Luft.

„Sind die denn noch ganz normal!", schrie ich, „die können doch nicht einfach den Strom abschalten und gehen."

Ich setzte mich direkt in meinen Wagen und fuhr zur Baufirma, um dem Chef dort zu erklären, dass es unmöglich sei, mich über das Wochenende im Dunkeln sitzen zu lassen.

„Ihre Leute sind einfach verschwunden", sagte ich.

„Ja, es ist Freitagnachmittag", war die Antwort.

„Aber die können doch nicht einfach gehen."

„Doch, Freitags haben die früher Feierabend", war die Antwort.

„Die haben aber meinen Strom abgestellt", sagte ich.

„Das wird gleich am Montagmorgen wieder gemacht", sagte der Bauunternehmer.

„Kommt nicht infrage", antwortete ich.

„Warum? Was ist ihr Problem?"

„Ich habe keinen Strom", wurde ich jetzt lauter.

„Ich hab doch gesagt, das wird gleich am Montagmorgen gemacht", war die Antwort.

„Sie verstehen wohl nicht was ich meine?", sagte ich.

„Nein, was ist das Problem?"

„Ich habe keinen Strom."

„Das weiß ich bereits, aber was ist das Problem?", fragte der Bauunternehmer und schaute mich inzwischen etwas verwundert an.

„Sie können mich doch nicht das ganze Wochenende ohne Strom lassen", sagte ich.

„Da kann man jetzt auch nichts mehr machen", lies er sich nicht aus der Ruhe bringen, „die sind alle schon im Feierabend."

„Dann rufen Sie sie wieder zurück", forderte ich ihn auf.

„Aber die sind doch schon zu Hause."

„Ist mir ganz egal", sagte ich, „ich werde auf keinen Fall, über das ganze Wochenende ohne Strom zu Hause sitzen."

„Was ein Aufwand", stöhnte er, „wo wir es doch am Montag eh wieder gemacht hätten."

Nach längerer Debatte erklärte er sich dann endlich bereit, seine Arbeiter aus dem Feierabend zurückzurufen, um wenigstens den Strom, in meinem Haus wieder herzustellen.

Missmutig kamen die „Schildbürger" nach fast zwei Stunden wieder angetrottet und nach weiteren zwei Stunden, hatte ich endlich wieder Strom im Haus.

Wirklich verstehen, warum ich mich so aufgeregt hatte, konnten sie aber nicht.

In der kommenden Woche wurden die elektrischen Geräte eingebaut. Riesige Probleme hatten sie erst einmal mit der "Ceranplatte" des Herdes, denn so etwas schienen sie bisher noch nie gesehen zu haben und hatten auch keinerlei Ahnung, wie man dies anschließen sollte. Verzweifelt suchten sie lange Zeit nach dem Gasanschluss an der elektrischen Einrichtung.

Auch am nächsten Tag, als endlich die Türen, an den Küchenschränken eingebaut wurden, war unsere Verwunderung noch nicht am Ende. Die Türen, wie auch die bereits eingebauten Schränke, bestanden aus rohem Holz. Sie waren weder gestrichen noch versiegelt, noch sonst irgendwas.

„Wo ist denn die Farbe für die Türen und die Schränke?", fragte ich nach.

„Das machen wir nächste Woche", war die Antwort.

Wir konnten es nicht fassen.

Wir blickten auf die rohen Schränke, schauten uns an und sagten: „Das glaubt uns niemand."

In der darauf folgenden Woche kam ein Arbeiter, der fein säuberlich, mit der Hand und einem Pinsel, die Küche, im fertigen, eingebauten Zustand lackierte.

Als die Arbeitsplatte zum Abschluss eingebaut werden sollte, dachten wir, dass nun nichts mehr schiefgehen könnte.

Aber auch hier wurden wir wieder eines Besseren belehrt.

Die Arbeitsplatte passte nicht.

Als der erste Arbeiter bereits die Kreissäge eingeschaltet hatte, um am vorderen Rand der Arbeitsplatte etwas abzusägen, damit sie passend gemacht wird, mussten wir abermals einschreiten.

Die Platte wurde nachgemessen und wir stellten fest, dass sie genau die Größe hatte, die berechnet war. Also an der Platte konnte der Fehler nicht liegen. Erst nach genauer Inspektion konnten wir feststellen, dass eine Seitenwand in der Küche nicht gerade eingebaut war. Vom Anfang bis zum Ende wich die Wand ungefähr drei Zentimeter von der geraden Line ab und deshalb passte auch die Arbeitsplatte nicht.

Also alles wieder ausbauen, die Wand neu machen, wieder einbauen und siehe da, die Arbeitsplatte passte auf einmal, auch ohne dass sie mit der Kreissäge zurechtgeschnitten werden musste.

Alles in allem dauerte es fast drei Monate, bis das ganze Werk vollendet war und man nicht mehr sehen konnte, welche Nerven, uns das Ganze gekostet hatte.

Wir waren froh, dass in unserem Haus nicht noch weitere Renovierungsarbeiten notwendig waren, denn ansonsten hätte man uns wohl, in eine Nervenheilanstalt, einweisen müssen.

Im Laufe unserer Jahre in "South Carolina" lernten wir auch dazu, dass hier, im Hinterland, scheinbar jeder alles kann, oder besser gesagt, glaubt alles zu können. Fachleute braucht hier niemand, denn wenn man jemand fragt, dann kann er einem genauso gut den Auspuff am Auto ausbauen, wie im Haus die Stromleitungen verlegen, oder etwa Klempnerarbeiten verrichten. Es gibt sicher kaum eine handwerkliche Arbeit, die einer dieser "Handyman" nicht schon gemacht hat.

Im Nachhinein wunderte ich mich deshalb auch nicht mehr, dass in unserem 6000 Seelen Ort, die Feuerwehr fast jeden Tag zum Einsatz ausrückte.

Kapitel 25
"Treeman"

Auf unserem Grundstück befanden sich jede Menge uralter Bäume, die teilweise weit über hundert Jahre alt waren. Immer mal wieder kam es vor, dass der ein oder andere Ast abbrach und entfernt werden musste.

Bei unseren Nachbarn fragten wir an, wer wohl die geeignete Person sei, der die abgestorbenen Äste entfernen konnte. Wir wollten nicht wieder an jemanden geraten, der keine Ahnung von dem hatte, was er tat.
Mein Nachbar empfahl uns einen Mann, der im Ort allgemein als "Treeman", also der "Baum-Mann" bekannt war.
„Wo ist sein Geschäft?", fragte ich meinen Nachbarn.
„Der hat kein offizielles Geschäft", antwortete er mir.
„Wo ist denn dann sein Haus, wo ich ihn finden kann?", fragte ich, „oder kann ich ihn anrufen?"
„Er hat auch kein Telefon und kein Haus", antwortete mein Nachbar.
„Ja wie soll ich ihn denn finden?", fragte ich ihn.
„Er wohnt auf einem alten Baum am Ortsrand."
„Wie bitte?", wiederholte ich, „er wohnt in einem alten Baum?"
„Auf einem alten Baum", antwortete mein Nachbar. Es ist eine riesige alte Eiche, auf der er seine Bleibe eingerichtet hat."

Ich fuhr also zu dieser Stelle und fand einen Baum, in dessen üppiger Krone eine Hängematte gespannt war. Daneben hing, an einem Seil, eine Kettensäge und einige Plastiktüten standen in den Astgabeln.
Am Baumstamm angelehnt stand ein rostiges Fahrrad mit einem riesigen Tau auf der Lenkstange. Weit und breit war niemand zu sehen. Ich schaute nach oben und rief nach "Treeman", doch ich konnte niemanden, in den Baumwipfeln erkennen, bis mir plötzlich, von hinten, jemand auf die Schulter tippte.
„Willst du was von mir?", wurde ich gefragt.
Ich drehte mich um und hinter mir stand ein Mann, eingehüllt in uralten, grau-braunen Kleidern, mit einem T-Shirt, das bestimmt schon ein halbes Jahr nicht mehr gewaschen worden war. Sofort fiel mir, der etwas strenge Geruch, dieses Mannes auf, der wohl auch schon längere Zeit keine Dusche oder Badewanne mehr gesehen hatte. Sein Gesicht war dunkelbraun und seine Haut war von der Sonne gegerbt und mit tiefen Falten durchzogen. Er musste etwa 35 bis 40 Jahre

alt gewesen sein, doch sah er eher, wie weit über fünfzig Jahre aus. Auf seinem Kopf trug er eine Baseball-Mütze in Tarnfarben. Darüber einen silbernen Kopfhörer, deren Enden über seine Ohren gestülpt waren. Seine schulterlangen schwarzen, fettigen Haare flatterten leicht im Wind und in seinem leicht geöffneten Mund konnte ich, nur maximal, vier Zähne erkennen.

„Ich suche "Treeman"", sagte ich.

„Ja, das bin ich", antwortete er, ohne den Kopfhörer von seinen Ohren abzunehmen.

Nur ganz leise konnte man die Musik hören, von der er sich, auch während unseres Gespräches berieseln ließ.

„Was kann ich für dich tun?", fragte er.

„Ich suche jemanden, der einige morsche Äste, von meinen alten Bäumen absägen kann."

„Kein Problem", war die Antwort.

„Wo ist dein Haus?"

„In der York Street", sagte ich, „die alte "Hamrick-Plantage", das ist mein Haus."

„Ach, das Haus kenne ich", war seine Antwort, „da habe ich schon mehrmals an den Bäumen gearbeitet."

„Wann hätten sie denn Zeit?", fragte ich.

„Irgendwann", war die Antwort.

„Was heißt irgendwann und was wird mich das kosten?"

„Keine Ahnung", sagte "Treeman", „ich muss erst sehen, was zu tun ist."

„Wie machen wir das mit der Rechnung?", fragte ich.

„Rechnung?", wiederholte er fragend, „bei mir gibt es keine Rechnung, ich arbeite nur gegen Bares."

„Gib mir erst mal zwanzig Dollar", sagte er, dann sehen wir weiter."

„Wie weiß ich denn, dass sie anschließend wirklich auftauchen und nicht einfach verschwinden?", fragte ich.

„Ich bin "Cherokee" Indianer", antwortete er, „ich stehe immer zu meinem Wort und jeder im Ort kennt mich".

Ich händigte ihm also die zwanzig Dollar aus, und sagte: „Dann sehen wir uns bald an meinem Haus."

„Ja", antwortete er und kletterte, wie ein Affe, den Baumstamm empor, in Richtung seiner Hängematte.

„Sind sie immer hier zu erreichen", rief ich ihm nach.

„Ja, ja", rief er, „das hier ist mein Haus, hier wohne ich schon seit Jahren."

Ohne Seile und sonst welche Sicherheitseinrichtungen bewegte er sich, wie ein Affe, zwischen den Ästen, bis er seine Hängematte erreicht hatte. Dort legte er sich erst einmal hinein und lies mich, am unteren Ende des Baumes stehen.

Ich fuhr wieder nach Hause und war der festen Überzeugung, dass ich ihn wahrscheinlich nicht wieder sehen würde, genau wie die zwanzig Dollar, die ich ihm gegeben hatte.
Doch ich wurde eines Besseren belehrt.

Zwei Tage später kam er mit seinem rostigen Drahtesel angeradelt. Über seinen Schultern hing die Kettensäge und auf seiner Lenkstange war immer noch das dicke Tau festgemacht. Auf seinem Gepäckträger hatte er auch noch zwei Plastiktüten mit dabei, deren Inhalt mir aber verborgen blieb.

Ohne sich bei mir anzumelden, oder nachzuschauen, ob ich überhaupt zu Hause war, lief er in meinen Garten und begutachtete die Bäume. Dann setzte er sich unter einen Baum, mitten im Garten und steckte sich erst einmal eine Zigarette an. Aus einer seiner Plastiktüten kramte er eine Getränkedose hervor und blieb dann, an dieser Stelle, für gut und gerne, 45 Minuten sitzen und lauschte der Musik in seinen Kopfhörern, die wohl an seinen Ohren festgewachsen sein mussten, denn ich hatte nie gesehen, dass er sie jemals abgenommen hatte.

Ich ging aus dem Haus und lief auf ihn zu. Er machte jedoch keinerlei Anstalten aufzustehen oder sich an seine Arbeit zu begeben. Ganz im Gegenteil, er sprach laut mit einer imaginären Person, mit der er wohl ein Streitgespräch führte. Er schimpfte über die Regierung, über Steuern und andere Dinge, als ob er sich, in einer Diskussion, mit einem Dritten befand. Es schien ihn nicht im Geringsten zu interessieren, das ich zu ihm gegangen war.
„Dort drüben ist der Baum, den ich meine", sprach ich ihn an.
„Hab ich schon gesehen", sagte er und schaute zu mir hinauf.
„Wollen sie nicht mal mit ihrer Arbeit anfangen?", fragte ich ihn.
„Wenn die Zeit gekommen ist", antwortete er.
Doch er blieb noch, sage und schreibe, eine ganze Stunde, wie angewurzelt an dieser Stelle sitzen, und rauchte genüsslich eine Zigarette nach der anderen.

Dann bewegte er sich zu seinem Fahrrad, holte dort die Kettensäge und das Tau, welches am Lenker festgemacht war. Ich beobachtete das ganze Treiben von meinem Bürofenster aus. Am Ende des dicken Taues hatte er ein schmales, dünnes Seil angeknotet, das ungefähr sechs bis acht Meter Länge hatte.
Mit einem gekonnten Wurf schleuderte er dieses, dünne, leichte Seil über einen der abstehenden Äste, die sich etwa in drei Meter Höhe befanden. Dann zog er an dem Ende, welches an der anderen Seite herunterfiel und beförderte somit, das schwere Tau über den Ast. Dann verknotete er die Tauenden und machte am Tau seine Kettensäge fest. Wie an einem Förderband bugsierte er damit die Kettensäge nach oben. Anschließend kletterte er, ich weiß nicht wie, an dem glatten Baumstamm empor. Er benutzte dazu weder ein Seil noch irgendwelche andere Hilfsmittel. Er hatte auch keine Schuhe mit Sporen, oder sonst welche Haken, mit denen er sich am Baum festhalten konnte. Er trug alte, ausgetragene Turnschuhe, das war alles.
In wenigen Sekunden war er zu der Stelle geklettert, wo seine Kettensäge am Ast baumelte. Er hängte sie sich um seine rechte Schulter, dann zog er das Tau herauf

und warf es über die andere Schulter. Anschließend kletterte er weiter, im Baum nach oben, in ungefähr zehn oder zwölf Meter Höhe, wo sich der abgestorbene Ast befand.

Die Äste dort oben waren bereits so dünn, dass sie heftig hin und her pendelten, als er darauf balancierte, um bis zu der abgestorbenen Stelle zu gelangen. Er band das Tau mit dem einen Ende an den abgestorbenen Ast und mit dem anderen Ende an einen gesunden Ast. Dann sägte er das abgestorbene Teil ab und der tote Ast hing nun frei schwebend am Tau, ohne heruntergefallen zu sein und dadurch eventuell noch intakte Äste beschädigt hätte. Langsam ließ er anschliessend das abgestorbene Teil mit dem Tau zu Boden. Drei weitere abgestorbene Teile wurden auf die gleiche Weise, in Windeseile, nach unten befördert.

Auf dem gleichen Wege, kamen, nach getaner Arbeit, die Kettensäge und das Tau wieder am Boden an.

Nun kletterte er selbst vom Baum herab, setzte sich an dessen Stamm und rauchte erst einmal wieder eine Zigarette. Während all dieser Arbeit, die er im Baum verrichtete, hatte er sich immer, mit dieser imaginären Person unterhalten. Für einen Außenstehenden muss es ausgesehen haben, als ob ein dunkler Affe sich in zehn Meter Höhe im Baum bewegt und auf die Regierung schimpfte.

Nach einer halben Stunde stand er auf, nahm seine Kettensäge und schnitt die morschen Äste in handliche Stücke, damit ich sie, in meinem Kamin, benutzen konnte. Auch danach legte er wieder, eine obligatorische Pause, von mindestens zwanzig Minuten ein, bevor er sich zu meiner Haustür bewegte und anklopfte.

„Alles erledigt", sagte er mir, „macht noch mal dreißig Dollar."

„Kann ich noch etwas Wasser aus deinem Gartenschlauch haben?", fragte er mich.

„Klar doch bedienen sie sich."

Er drehte das Wasser auf und hielt es sich über seinen Kopf, ohne die Mütze abzusetzen oder den Kopfhörer, oder irgendein Kleidungsstück abzulegen. Er ließ das Wasser einfach an sich herunterlaufen. Das schien also die Art und Weise zu sein, wie er sich wusch und wie er seine Kleider reinigte.

In den kommenden Jahren bediente ich mich, noch des Öfteren, der Dienste, dieses ungewöhnlichen Mannes. Jedermann im Ort kannte ihn und gab ihm, ab und zu, einen dieser Aufträge. Niemand fragte danach, ob er Steuern zahlte, irgendwo angemeldet war oder sonst etwas, noch nicht einmal der Richter des Dorfes und der Sheriff, bei denen er genauso seine Arbeiten verrichtet.

Doch eines Tages wurde der Baum gefällt, in welchem er wohnte. Irgendjemand war wohl auf die Idee gekommen, dass es nicht sicher genug sei, auf diese Art und Weise zu wohnen. Als Ersatz hatte die Stadtverwaltung ihm eine Blechhütte, in einem nahe gelegenen Wäldchen aufgestellt. Sie war gerade mal so groß, dass eine Matratze darin Platz hatte. Fließend Wasser oder Strom gab es aber darin nicht.

Was mich jedoch erstaunte war, dass "Treeman" immer bestens darüber informiert war, was in der Welt vorging. Im Laufe der Jahre hatte ich Gelegenheit, mich mehrmals, längere Zeit, mit ihm zu unterhalten. Er wusste immer Bescheid über die neusten Nachrichten in der Welt. Er war auch bestens darüber informiert, welche Nachrichten es, zum Beispiel aus Europa und anderen Teilen der Welt gab. Ganz anders, als ein Großteil der normalen Amerikaner, die scheinbar noch nicht einmal wissen, dass es außer Amerika noch andere Länder und Kontinente gibt.

Er erzählte mir, dass er in früheren Jahren durch die "Vereinigten Staaten" gereist war und immer wieder, durch den ein oder anderen örtlichen Scheriff, für einige Tage im Gefängnis eingesperrt wurde, weil den Leuten dort seine Nase nicht passte und man seinem äußeren Erscheinungsbild nicht traute. Doch man konnte ihm nie nachweisen, dass er jemals etwas Unrechtes begangen hatte und so musste er, immer wieder, nach wenigen Tagen, auf freien Fuß gesetzt werden.

Ob er aus unserem Ort stammte und wo er genau herkam, habe ich nie erfahren. Er hatte mir nur erzählt, dass er von den "Cherokee" Indianern abstammte und die Natur liebte. Deshalb umarmte er auch jedes Mal einen Baum, nachdem er an einem solchen einen Ast abgesägt hatte, um den Baum von dem Verlust des Astes zu trösten und ihm einige aufmunternde Worte zu spenden.

Scheinbar unterhielt er sich nicht nur mit imaginären Dritten, sondern auch mit den Bäumen, mit denen er täglich zu tun hatte.

Kapitel 26
Der Fotograf

Die zweite, total merkwürdige, Person in diesem Ort, war der lokale Fotograf. Sein Name war "Jeff".

Er war hier geboren und hatte den Ort, in seinem ganzen Leben, noch nie verlassen. Das Fotogeschäft, welches er betrieb, hatte er von seinem Großvater geerbt. Es war ein schäbiger Laden, inmitten der Hauptstraße des Ortes, mit zwei großen Schaufenstern. Jedoch war in den Schaufenstern nichts ausgestellt. Auch wenn man durch die Glasscheibe in den Laden schaute, konnte man nicht darauf schließen, um welche Art von Geschäft es sich handeln würde. Man sah nur tote Insekten und jede Menge Staub. Außer der Aufschrift "James Fotostudio" auf der Glasscheibe wies nichts darauf hin, dass es sich um ein Fotogeschäft handelte. Keine Öffnungszeiten, keine Telefonnummer, nichts.
Auch war der Laden die meiste Zeit geschlossen, denn "Jeff" arbeitete nur, wenn er gerade mal Lust dazu hatte. Um sich ein Foto von ihm anfertigen zu lassen, musste man ihn schon, an irgendeiner Stelle, im Ort antreffen, wo er ständig unterwegs war, denn er besaß weder ein Telefon, noch sonstige Kommunikationsmittel, um ihn zu erreichen. Wie "Treeman" war er ortsbekannt und die Leute wussten, wenn sie etwas von ihm wollten, dass sie nur darauf warten mussten, dass er irgendwann, an ihrem Haus vorbeigelaufen kam, um ihm einen Auftrag zu erteilen.
In seinem Fotostudio stand, außer einem alten durchgesessenen Sessel, einem wackeligen Beistelltisch und einem riesigen Holztresen nichts Weiteres. Der Tresen war übersät, mit Hunderten von Zetteln, die jedoch, scheinbar, keinem Zweck dienten. An der Decke befanden sich braune Flecken, vom Regenwasser, welches ab und zu, durch die marode Decke tropfte. Die Wände und der Tresen, sowie alles andere schienen, seit der Zeit seines Großvaters, keine Farbe mehr gesehen zu haben. Die Eingangstür hatte keinen Türgriff und war ständig verschlossen. Da auch die Klappe des Briefkastens nicht mehr funktionierte, stapelte sich die Post unter der Tür, die der Postbote versucht hatte, dort hindurchzuschieben.

Sein Studio selbst, in welchem er die Fotos machte, befand sich im hinteren Teil des Ladens. Der Durchgang dorthin war mit einem schwarzen, staubigen Vorhang verhängt. An einer Seite der Wände, dieses Raumes, war eine graue Leinwand gespannt, vor welcher er seine Porträt-Fotos anfertigte. Ansonsten war der Raum mit unzähligem, unbrauchbarem Gerümpel vollgestellt.

Auch die Fotoausrüstung, die er, für seine Bilder, benutzte, war gut und gerne fünfzig Jahre alt. So dauerte es auch meistens mehrere Wochen, bis man die fertigen Fotos zu sehen bekam, denn es gab kaum noch irgendwelche Fotolabors, die Filme dieser Art, die er benutzte, entwickelte.

Von Digitalkameras oder anderen technischen Errungenschaften hatte er noch nie etwas gehört und wollte davon auch gar nichts wissen, wenn man ihn darauf ansprach.

Fotos machte er grundsätzlich nur in seinem Fotostudio, wahrscheinlich deswegen, weil sich die alte Kamera wohl nicht mehr von dem Stativ abschrauben ließ und das Ganze ihm wohl auch viel zu unbequem erschien. Von Werbung, Ladendekoration oder Kundenservice schien er noch nie etwas gehört zu haben.

Er war ein Einzelgänger und verhielt sich immer äußerst merkwürdig. Erst später erfuhren wir, dass er als Kind einmal entführt worden war und man ihn im Wald, an einen Baum gebunden hatte, bevor er, nach einer großen Suchaktion, erst am dritten Tag gefunden wurde. Dies schien wohl ein Trauma in ihm ausgelöst zu haben, welches er nicht mehr loswurde und sein merkwürdiges Verhalten rechtfertigte. Auch er sprach immer, wenn er sich alleine fühlte, mit sich selbst, aber nur die Worte "I hate you", was so viel wie "ich hasse dich" übersetzt bedeutet. Wen er damit gemeint hat, wurde bis heute nicht herausgefunden, auch nicht, wer ihn damals an den Baum gebunden hatte.

Das Verrückteste jedoch war das Haus, in welchem er lebte.

Das Haus war eine alte viktorianische Villa in einer guten Wohngegend. Rund um sein Anwesen standen feine, säuberlich gepflegte Herrenhäuser aus der Zeit der Jahrhundertwende. Nur sein Haus sah aus, als ob es kurz vor dem Abriss stand. Es war um das Jahr 1900 gebaut worden, aber in der Zwischenzeit schon so heruntergekommen, dass es selbst für mehrere Gruselfilme, als Kulisse benutzt wurde.

Die meisten der Fenster hatten kein Glas mehr und die hölzerne Außenfassade hatte im Laufe der Jahre komplett ihre Farbe verloren und viele Holzpanelen der Außenfassade brachen bereits auseinander, da sie komplett morsch geworden waren.

Auf dem Dach fehlten Dutzende von Ziegeln und das Metall, aus welchem die Ziegel wohl gefertigt worden waren, war total verrostet. Dort, wo das Regenwasser die Außenwände herumlief, befanden sich breite Rostspuren, von den Ablagerungen, welche vom Dach herunter gewaschen wurden.

Das Dach hatte zudem mehrere Löcher, wodurch das Regenwasser ungehindert ins Haus laufen konnte. Auf dem Grundstück standen alte Bäume und zu unserem Erstaunen, war der Rasen sauber gemäht.

Eines Tages hatten wir die Gelegenheit, "Jeff" in seinem Haus zu besuchen.

Es gab jedoch keine Möglichkeit mehr, durch die ehemalige Haustür in das Gebäude zu gelangen. Die Holzveranda, vor der Haustür, war so verrottet, dass sich unzählige Löcher in deren Boden befanden und die Gefahr bestand, wenn man sie betrat, dass man durch das morsche Holz einbrach. Die Haustür selbst war wohl die letzten sechzig Jahre auch nicht mehr geöffnet worden.

Wir gingen also um das Haus, zum Hintereingang, wo "Jeff" im Garten stand und seine Goldfische, in einem kleinen Teich, fütterte.

„Wir haben dich, in deinem Laden gesucht", sagten wir, „aber der war, wie immer, verschlossen."

„Es gibt keine Aufträge, zurzeit", sagte er, „warum soll ich also dort sein?"

Neugierig, wie wir nun einmal waren, wollten wir das Haus auch von innen sehen und "Jeff" erklärte sich tatsächlich, an diesem Tag bereit, uns das Innere zu zeigen. Wir stiegen eine kleine Treppe, mit etwa zehn Stufen hinauf.

„Bitte nicht am Geländer festhalten", sagte "Jeff", „sonst bricht es ab."

Dann standen wir, vor einer Hintertür, die ebenfalls, wie an seinem Laden, keinen Türgriff hatte. Er zog eine Zange aus seiner Hosentasche und steckte sie dorthin, wo einst ein Türgriff gewesen sein musste. Mit einem kurzen Ruck drehte er, an dem verbliebenen Stift des ehemaligen Türgriffes und öffnete den Eingang.

„Es ist leider die einzige Tür, die noch funktioniert", sagte er und war stolz, dass er noch nicht einmal einen Schlüssel brauchte, um sie zu öffnen, wahrscheinlich hatte er auch gar keinen Schlüssel mehr.

„Damit mach ich auch meinen Laden auf", hob er, mit einem Grinsen, die Zange empor.

Was wir dann zu sehen bekamen, ist kaum beschreibbar.

Im Inneren des Hauses musste man sich, auf genau festgeschriebenen Pfaden bewegen, um nicht im Boden einzubrechen. Dutzende von großen Löchern prangten bereits im Fußboden und in der Decke. Sie waren entstanden, durch das Regenwasser, das über die Jahre hinweg, durch die Löcher im Dach, auf diese Stellen tropfte und das Holz langsam morsch werden ließ.

Zu unserem Erstaunen besaß das Haus überhaupt keine Innenwände mehr. Die Gipskartonplatten, mit denen die Wände, in Häusern in Amerika, normalerweise verkleidet sind, waren zum großen Teil eingestürzt oder hatten riesige Löcher. Übrig blieb nur noch das hölzerne Lattengerüst, auf welchem die Platten normalerweise festgemacht wurden. Die elektrischen Leitungen, sowie die Leitungen der Sanitäreinrichtungen konnte man nun deutlich sehen, die sonst, normalerweise, in der Wand versteckt waren.

„Vorsichtig, bitte nicht hier anfassen", sagte er zu uns, als wir an einer offenliegenden Steckdose vorbei kamen, aus welcher nur noch die blanken Leitungen herausragten, „da ist noch Strom drauf."

„Das ist doch hochgefährlich", sagten wir.

„Eigentlich nicht", sagte er, „die meiste Zeit habe ich sowieso gar keinen Strom, weil ich die Rechnung nicht bezahlen kann."

Er führte uns in einem großen Raum, der wohl ehemals das Wohnzimmer gewesen sein musste. In der Ecke des Raumes stand ein Weihnachtsbaum, der geschmückt war, als ob gerade Heiligabend bevorstand, doch es war erst September.

„Warum steht dein Weihnachtsbaum noch hier?", fragten wir ihn.

„Der steht das ganze Jahr hier", antwortete er.

„Du baust ihn nicht nach Weihnachten ab?", fragte ich.

„Nein, warum?", sagte er, „Erstens ist es zu viel Arbeit und zweitens lebe ich sowieso alleine hier und drittens stört es niemanden. So spar ich mir die ganze Arbeit, ihn jedes Jahr wieder neu aufzubauen."

Seine Küche war auch sehr spartanisch eingerichtet. Da er die meiste Zeit keinen Strom hatte, nutzte ihm auch ein normaler Herd nichts. In der Küche stand lediglich ein alter Holzkohle-Gartengrill, auf dem er sich sein Essen wärmte oder, den er auch zum Heizen benutzte.

„Da ist ja das ganze Haus voll Rauch, wenn du das Ding anmachst", sagte ich zu ihm.

„Nein, nein, das ist kein Problem" und er zeigte auf ein Loch in der Decke, durch welches man den freien Himmel sah.

„Da zieht der Rauch ab."

„Aber da regnet es doch auch hinein?", sagte ich.

„Ja schon", meinte er, „man muss sich ja nicht genau darunter setzen."

Dies war jedoch nicht das einzige Loch, welches sich in der Decke befand. Das Einzige, was er dagegen tat, obwohl es durch diese Löcher ins Haus regnete, war, seine Sachen an die Stellen im Haus zu stellen, wo das Regenwasser diese nicht erreichen konnte.

Da keine Innenwände mehr vorhanden waren, konnte man auch durch mehrere Löcher, die in den Außenwänden wahren, einfach ins Freie sehen.

„Hast du denn nicht Angst, dass du wegen der ganzen Löcher alles mögliche Viehzeug ins Haus bekommst?", fragten wir ihn.

„Was soll da schon kommen", meinte er, „dann und wann ist mal ein Waschbär da, aber der verschwindet auch wieder."

„Wie heizt du denn das Haus im Winter, es hält sich doch keine Wärme?"

„Ich habe keine Heizung, wenn mir kalt ist, setze ich mich an meinen Grill in der Küche und wärme mich oder gehe ins Bett."

„Aber Nachts?", fragten wir, „in dem Raum, in welchem du schläfst, ist doch gar kein Glas im Fenster. Im Winter muss es doch dort eisig kalt sein?"

Immerhin gab es auch in "South Carolina" Winternächte, in denen die Temperaturen schon mal auf -10 Grad Celsius fallen konnten.

„Ja dann wird es richtig kalt", sagte er. „Vor einigen Jahren habe ich mir dabei, in einer Nacht, Erfrierungen im Gesicht zugezogen."

Wir schüttelten nur den Kopf.

„Warum lässt du nicht mal Glas in das Fenster einbauen?", fragten wir.

„Kann ich mir nicht leisten", sagte er. „Ich hab nur alle zwei bis drei Wochen einmal einen Auftrag für Fotos. Das langt gerade mal, um nicht zu verhungern. Irgendwelche Reparaturen, im Haus, kann ich mir nicht leisten. Das Haus habe ich, wie auch das Fotostudio von meinem Großvater geerbt."

„Aber es ist doch eine Schande, wenn eine so schöne alte Villa, wie dein Haus, langsam aber sicher zerfällt."

„Was soll ich tun?", antworte "Jeff", „die Renovierung dieses Haus würde mich mindestens 60.000 bis 70.000 Dollar kosten, so viel verdiene ich, bis an den Rest meines Lebens nicht mehr."

„Gibt es denn niemanden, der ein Interesse an der Renovierung dieses Hauses hat?"

„Nein ganz im Gegenteil", sagte "Jeff", normalerweise würde ein Haus, in diesem Zustand, abgerissen werden, da es eine Gefahr darstellt. Da meine Familie und ich aber hier schon seit Generationen leben und ich bei jedem bekannt bin, lässt man es wahrscheinlich solange stehen, bis es mir über dem Kopf zusammenstürzt."

"Jeff" wollte uns dann, bei unserem Besuch, noch etwas zum Essen anbieten, aber wir lehnten dankend ab. Wir waren nicht sicher, was er uns wirklich servieren würde, denn wegen seines schmalen Budgets, konnte es auch ohne weiteres, ein totes Eichhörnchen sein, dass er vielleicht im Garten gefunden hatte. Das Risiko wollten wir nun doch nicht eingehen und lehnten seine Einladung dankend ab.

Im Gegenzug luden wir Ihn, des Öfteren in unser Haus ein, um ihm ab und zu eine anständige, warme Mahlzeit zukommen zu lassen. Immer wieder, wenn er an unserem Haus vorbei lief und wir ihn sahen, oder seine Hasstiraden hörten, riefen wir ihn für ein paar Minuten herein, gaben ihm einem frischen Kaffee und im Gegenzug erzählte er uns die Geschichten, die das Dorf sonst noch zu bieten hatte. Da er hier geboren und aufgewachsen war, kannte er jeden und zu jedem gab es irgendeine Geschichte.

Kapitel 27
Der Banküberfall

Außer dem Fotostudio gab es, in diesem, in der Zeit stehen geblieben Ort, noch jede Menge andere, merkwürdige Geschäfte. Zum Beispiel einen Laden, der Möbel anbot, die wohl noch, aus der Zeit, kurz nach dem Krieg, stammen mussten. Dort war an der Tür Folgendes zu lesen:

Öffnungszeiten
Donnerstag bis Samstag
Öffnet: gegen 10:00 Uhr
Schließt: Wenn die Kunden gegangen sind.

Dann gab es noch den Weihnachtsladen, der nichts anderes verkaufte als Weihnachtsbäume oder Dekorationsartikel für Weihnachten. Er war nur an zwei Monaten im Jahr geöffnet und ansonsten geschlossen.

Da es keinen Baumarkt oder sonst welche Einkaufsgelegenheiten gab, konnten selbst Läden dort existieren, die auch in Europa, schon seit dreißig Jahren ausgestorben sind. Es gab zum Beispiel einen Laden, der alle Arten von Schrauben und Nägeln verkaufte. Der Laden bestand eigentlich nur aus einem riesigen, langen Raum, in welchem, rechts und links, zwei große Glastheken waren, in denen die verschiedensten Arten von Schrauben und Nägel oder sonstige Materialien ausgestellt waren. Die Wände dahinter waren nichts anderes, als Hunderte von Schubladen, in denen die verschiedenen Größen, der ausgestellten Nägel und Schrauben zu finden waren. Es gab wirklich keine Schraube, die man hier nicht kaufen konnte.

Das einzige Problem jedoch war, dass man den Mann, hinter der Theke nicht verstand. Er hatte einen derart starken Dialekt, dass ich noch nicht einmal erahnen konnte, was er sagte oder wovon er sprach. Immer wenn er versuchte, sich mit mir zu unterhalten, mussten wir, regelmäßig, einen Einheimischen von der Straße herein holen, der dann als Übersetzer für "schlimmstes Südstaaten-Englisch" in "ungefähr verständliches Südstaaten-Englisch" diente. Zwar war auch, meistens der Übersetzer nicht in der Lage, in einwandfreiem Schul-Englisch zu sprechen, doch immerhin hatten wir, im Laufe der Zeit, gelernt, auch diese Leute zu verstehen. Nur Mister "Caldwell", aus dem "Hardware-Store" war ein Unikum. Ich habe es nie geschafft, in der ganzen Zeit, in welcher wir in "South-Carolina" wohnten, mich mit diesem Mann, ohne einen Übersetzer zu unterhalten.

Wie bereits erwähnt, hatte meine Frau, auch hier im Ort, wieder eine Stelle, bei einer Bank gefunden. Im Gegensatz zu der Hektik in "Florida", ging dort alles, in etwas langsamerem Tempo vor sich.

Anfangs war es für sie sehr schwer, mit den Kunden zurechtzukommen, denn niemand hier traute einer Fremden, beziehungsweise "Ausländerin", obwohl sie inzwischen US-Staatsbürger war. Erst recht nicht, wenn man ihr sein Geld anvertrauen sollte. Doch sehr schnell lernte sie ihre Kunden kennen und deren Besonderheiten.

Eines Tages kam ein junger Mann mit einem Koffer in die Bank. Durch unsere Freunde war er uns bereits bekannt. Er war ein neuer Pfarrer in einer der vielen Kirchen. Er begrüße meine Frau kurz, stellte seinen Aktenkoffer in der Lobby der Bank ab und begab sich in ein kleines Seitenbüro, wo er einen Termin, mit der Managerin der Bank hatte. Nachdem das Gespräch mit dieser, nach etwa zwanzig Minuten beendet war, verließ er hastig die Bank und vergaß dabei, seinen Aktenkoffer, den er in der Lobby stehen gelassen hatte.

Plötzlich kam die Managerin aus ihrem Büro gerannt.

Sie schrie: „Alle hier raus, schnell wir sind in Lebensgefahr. Sofort hier raus!"
Niemand wusste, was sie meinte, doch erst einmal befolgten alle den Befehl der
Managerin und verließen das Gebäude, um auf dem Parkplatz zu warten.
„Gleich wird alles in die Luft fliegen", sagte die Managerin.
„Wieso das?", fragten die andern.
„Da drinnen steht ein Koffer mit einer Bombe", sagte sie, „ich habe bereits die
Polizei und Feuerwehr alarmiert. Der Typ, der gerade in meinem Büro war, kam
mir sowieso schon etwas komisch vor."
„Das kann nicht sein", erwiderte meine Frau, „ich kenne den Mann, er ist der
neue Pfarrer in der Baptistenkirche."
Ungläubig sahen alle meine Frau an. Sie waren sich nicht sicher, wie sie sich
jetzt verhalten sollten.
„Ich bin sicher, dies ist sein Aktenkoffer, den er vergessen hat", wiederholte
meine Frau noch mal.
Doch die Anderen schauten sie nur ungläubig an. Sie lief zurück in die Bank.
Entsetzen stand in den Augen ihrer Kollegen, die nun damit rechneten, dass sie
gleich in Stücke zerfetzt werden würde. Durch die Glastür konnte man vom
Parkplatz aus, direkt in die Lobby sehen, an den Mitteltisch, dort wo der Koffer
stand und wohin sich meine Frau nun bewegte.
In dem Moment, als sie nach dem Koffer griff, warfen sich, auf dem Parkplatz,
alle auf den Boden. Doch nichts passierte. Sie hielt lachend den Koffer in die
Höhe. In diesem Moment erreichten auch die Polizei und die Feuerwehr das
Bankgebäude. Noch bevor diese, die "Gefahrenzone" stürmen konnten, kam
meine Frau, mit dem Koffer in der Hand, aus der Tür.
„Alles in Ordnung", rief sie und ihren Kollegen erhoben sich, noch immer sehr
erschreckt, vom Parkplatzboden.
Dieses Erlebnis hatte zwar einigen einen mächtigen Schrecken versetzt, doch war
es nicht wirklich gefährlich gewesen.

Ganz anders ein halbes Jahr später, im Juli des kommenden Jahres.

Es war an einem Freitagmorgen. Wenige Minuten vor 10:00 Uhr. Mit einem
lauten Schlag wurde die Eingangstür der Bank geöffnet und ein Mann, etwa 180
Zentimeter groß und leicht übergewichtig, mit einer schwarzen Ski-Maske vor
dem Gesicht sprang in den Schalterraum.

Nun ist es in Amerika nur sehr selten, dass die Angestellten einer Bank, hinter Sicherheitsglas arbeiten. Erst recht nicht, in einem so kleinen Dorf, wo doch sonst nie etwas passiert.

Der Mann schaute sich kurz um, sprang über den Tresen eines Schalters, der gerade unbesetzt war, und machte einen Satz auf meine Frau zu.

Er war mit einem dreißig Zentimeter langen Schlachtermesser bewaffnet, welches er meiner Frau an den Hals hielt und ihr drohte, im Falle, dass sie nicht das tat, was er sagte, ihr die Kehle durchzuschneiden.

Dann forderte er sie auf, ihm all ihr Geld zu übergeben. Meine Frau war sich sicher, dass jetzt ihre letzte Stunde geschlagen hatte. Der Bankräuber gab ihr einen mitgebrachten Sack, wo sie das Geld einpacken sollte. Sie packte alles Geld zusammen, was in ihrer Kassenschublade war. Mit einem unguten Gefühl, dass der Täter es bemerken könnte, packte sie auch ein präpariertes Geldbündel in den Sack.

Diese Art, von präparierten Geldbündeln hat jeder Kassierer, einer Bank, in Amerika, in seiner Schublade. Das Bündel Banknoten ist gefüllt mit einer chemischen Flüssigkeit, die explodiert, sobald der Bankräuber, das Gebäude verlassen hat und alles in der unmittelbaren Umgebung in eine violett-rote Farbe taucht, die für lange Zeit nicht abwaschbar ist. Es ist jedoch jedem Bankangestellten freigestellt, ob er im Falle eines Überfalls, dieses präparierte Geldbündel mit an den

Täter aushändigt, denn es besteht immerhin die Gefahr, dass der Bankräuber erkennt, dass es sich hier um das Explosionspaket handelt.

Um ihr Leben bangend, griff sie jedoch dieses Geldbündel und mischte es unter die anderen Scheine, die bereits in dem Geldsack des Täters waren. Dieser schien, mit der Beute zufrieden zu sein, ließ meine Frau los und sprang erneut über den Tresen, zurück in die Lobby. Er versuchte, durch die Hintertür der Bank zu entkommen. Doch diese war verschlossen. In Panik stemmte er sich so lange, mit seinem massiven Körper dagegen, bis das Schloss der Tür aufgebrochen war und rannte zum Parkplatz. In Windeseile verschlossen die Bankangestellten, daraufhin die Türen hinter dem Täter.
Noch auf dem Parkplatz gab es dann eine Explosion, bei welcher das präparierte Geldbündel in die Luft flog und alle Geldscheine, in dem Sack, sowie die Hände und Kleidung des Täters in violett-rot eingefärbt wurden.
Alle standen in der Schalterhalle, erstarrt vor Schrecken, nur eine fehlte, die Bankmanagerin "Brenda". Sie hatte sich, in dem Moment, als der Bankräuber über den Tresen sprang, schnell in ihrem Büro versteckt und die Tür hinter sich verschlossen. Sie hatte ihre Kollegen im Stich gelassen.
Kurz, nachdem der Bankräuber geflüchtet war, erschien die Polizei vor Ort. Erst jetzt traute sich "Brenda" wieder aus ihrem verschlossenen Zimmer.

Trotz einer Beschreibung der Kleidung, der Augen- und Hautfarbe des Täters, sowie dessen Statur und der roten Farbe, mit der er jetzt verschmiert war, gelang es der Polizei nicht, den Bankräuber zu fassen.
Dies führte dazu, dass meine Frau nun, nach dem Überfall, als ein potenzielles, zukünftiges Opfer galt, denn man erwartete, dass der Bankräuber, dessen Beute nun unbrauchbar geworden war, wieder zurückkommen würde, um sich an ihr zu rächen, denn sie war es ja, die ihm das präparierte Päckchen zur Beute gesteckt hatte.
Unser beschaulicher Zufluchtsort in "South Carolina" war nun zu einer tödlichen Bedrohung geworden.
Mit einem mulmigen Gefühl fuhr meine Frau nun jeden Tag zur Arbeit und war jedes Mal erschrocken, wenn sich die Tür, in der Bank, öffnete.
Zugute, bei dieser schlimmen Geschichte, kam uns, dass wir im Jahr zuvor den Sheriff des Ortes kennengelernt hatten und ihn inzwischen zu unserem guten Freund zählten. Er war häufig in unserem Haus eingeladen und auch wir waren des Öfteren auf eine seiner Partys, die er zu Hause abhielt. Dadurch waren wir

auch bekannt, bei allen Polizisten im Ort. Der Sheriff ordnete nach dem Überfall an, dass unser Haus ständig überwacht wurde. Besonders in der Nacht fuhr die Polizei ständig Streife in unserer Straße.

Doch wirklich sicher fühlten wir uns jetzt nicht mehr.

Jedes Knarren im Haus, oder jedes Geräusch im Garten, ließ uns in der Nacht aufschrecken und wir hatten das Gefühl hilflos zu sein, sollte der Täter sich irgendwann, an meiner Frau rächen wollen.

Dieses Ereignis bewegte uns schließlich dazu, uns eine Waffe zu besorgen, um uns gegebenenfalls selbst verteidigen zu können.

In Amerika ist es relativ einfach, für eine Privatperson, sich eine Waffe zu besorgen. Man erwirbt sie in einem der vielen Waffenläden, wobei dort die persönlichen Daten registriert werden und man sich dann, eine Waffe, welcher Art auch immer aussuchen kann.

Wir wählten eine 9-Millimeter-Automatikpistole, mit zwanzig Patronen im Magazin, dies sollte reichen, wenn jemand in unser Haus einzubrechen versuchte. Auch ohne einen Waffenschein zu besitzen, ist es jedem Amerikaner erlaubt, diese zur Selbstverteidigung, auf seinem Grundstück zu benutzen. Sofern man sich, in seinem eigenen Haus, oder auf seinem eigenen Grundstück, mit dem Leben bedroht fühlt, darf man eine Waffe zur Selbstverteidigung einsetzen.

Kurz nachdem wir die Pistole gekauft hatten besuchten wir einen Schießstand, um uns mit der Waffe vertraut zu machen. Denn was nützt eine Pistole, wenn man sie im Zweifelsfall nicht richtig benutzen kann.

Jetzt fühlten wir uns, wenigstens in unserem Haus, ein wenig sicherer. Doch was würde geschehen, wenn wir unterwegs waren und der Täter uns folgen würde. Eine Waffe, außerhalb des eigenen Grundstückes zu tragen oder zu benutzen, ist auch in Amerika, verboten.

Ich entschloss mich, daraufhin, einen Waffenschein zu machen.
Voraussetzung dafür war, das ich mich erneut, einer Überprüfung durch das "FBI" stellen musste, meine Fingerabdrücke abzugeben hatte und einen Lehrgang besuchen musste, in welchem mir der sichere Umgang mit einer Waffe beigebracht wurde und ich die entsprechenden Gesetze dazu lernen musste. Man lernte wie man eine Pistole schnell aus einem Holster zog, sich nicht dabei, aus Versehen, selbst verletzte und vor allen Dingen, ein Ziel, auch auf größere Entfernung exakt zu treffen. Der Kurs endete anschließenden mit einer Prüfung, in welcher man den Beweis antreten musste, dass man in der Lage war, die Waffe in einer bestimmten Zeit zu ziehen und ein Ziel auf eine Entfernung, von etwa fünfzehn Metern, exakt traf. Bei fünfzig abzugebenden Schüssen musste die Trefferquote des Ziels bei 95 Prozent liegen. Ansonsten würde einem das Tragen der Waffe nicht gestattet sein.

Nach Abschluss meiner Prüfung erhielt ich, nach drei Monaten Wartezeit und der Freigabe durch das "FBI", den entsprechenden Waffenschein und war somit, für die Zukunft, berechtigt, eine geladene Waffe, ständig an meinem Körper zu tragen. Einzige Voraussetzung war, dass die Waffe, nicht sichtbar für jemand anderes war. Sie musste also, entweder in der Hosentasche, in der Jacke, oder unter dem Hemd, oder irgendwo anders, versteckt getragen werden.

Bis zum heutigen Tage trage ich ständig eine geladene Pistole in meinem Gürtel. Im Laufe der Jahre gelang es uns, dieses schreckliche Ereignis zu verdrängen und wieder ruhig schlafen zu können.

Kapitel 28
Halloween und Weihnachten

Der Herbst war angebrochen und wir befanden uns vor einem magischen Tag im Oktober, an dem ganz Amerika verrücktspielt, insbesondere in dem kleinen Ort "Chester", in dem wir wohnten.

Nachdem wir bereits, im Jahr zuvor, erlebt hatten was "Halloween" hier bedeutete, begannen auch wir, uns für dieses Datum vorzubereiten. Für dieses Jahr war eine große "Halloween-Party" in unserem Hause geplant.
Wir begannen während des Oktobers, unser Haus für diesen Event vorzubereiten. Zu diesem Zweck zimmerte ich, in unserem Gartenschuppen, aus Holzbrettern einen lebensgroßen Sarg, der links neben unserer Haustür platziert wurde. Ein drei Meter langer Geist wurde zwischen den Säulen des Eingangs aufgehängt.

Im Vorgarten wurde ein zwanzig Quadratmeter großer Friedhof angelegt, mit Grabsteinen, Skeletten, einem Zaun und alles, was dazugehört.

Die andere Seite der Terrasse schmücken wir mit Strohballen, Kürbissen und schwarzen Stoffraben. Dann begannen wir, das Innere des Hauses auszugestalten. Überall wurden Spinnennetze aufgehängt. Zwei Schaufensterpuppen, die wir extra dafür gekauft hatten, wurden zu Monster umdekoriert und im Haus aufgestellt. Ein elektronischer Butler, der die Gäste begrüßen konnte und sich mittels Bewegungssensor anschaltete, wurde hinter der Haustür platziert.

Überall im Haus befanden sich nun Totenköpfe, Spinnen, abgeschnittene Finger und alles andere, was dazu notwendig war, das Haus in einem gruseligen Effekt zu gestalten.

Am Abend, des 31. Oktober, war es dann so weit. Unsere Gäste trafen ein. Jeder in einem anderen, gruseligen Kostüm verkleidet. Ich hatte mein Vampirkostüm angezogen und mein Gesicht und meine Haare waren weiß geschminkt. Vor unserer Haustür erwarteten wir, bei Einbruch der Dunkelheit, die Kinder, die von Tür zu Tür liefen und nach Süßigkeiten fragten.

"Halloween" war in unserem Ort einer der beliebtesten Events im ganzen Jahr. Die ganze Straße, in der wir wohnten, war für dieses Ereignis abgesperrt worden. Jedes Haus war geschmückt und deren Bewohner saßen oder standen an der Eingangstür und erwarteten die Kinder, die nun kommen würden.

Innerhalb von ungefähr zweieinhalb Stunden kamen etwa zweitausend Kinder an unsere Tür und erwarteten von uns, mit Süßigkeiten versorgt zu werden. An diesem Abend verteilte ich etwa dreißig Kilogramm Süßigkeiten. Gott sei Dank waren wir, von unseren Nachbarn, im letzten Jahr, auf diesen massiven Ansturm vorbereitet worden und entsprechend präpariert.

Ein Teil unserer Gäste half uns dabei, diesem Ansturm Herr zu werden. Einem unserer Freunde kam dabei die Aufgabe zu, die Kinder in Angst und Schrecken zu versetzen, sobald Sie unser Grundstück betraten. Er stand, gut verkleidet und perfekt geschminkt, in der Nähe unserer Haustür und bewegte sich nicht. Viele der Kinder dachten, er sei nur eine Schaufensterpuppe, die wir entsprechend, für diesen Event, dekoriert hätten. Erst, als sich dieser plötzlich, mit einem Satz bewegte, sprangen sie alle wild schreiend auseinander und das geplante Chaos war perfekt.

Im Anschluss daran fand im Haus, mit vielen unserer Freunde, eine entsprechende "Halloween-Party" statt. Jedes Jahr kamen neue Effekte hinzu und unsere Party wurde immer größer.

Zum Schluss waren wir berühmt dafür, das beste "Halloween-Haus" und die beste, dazugehörige Party im Ort zu veranstalten. Jeder wollte jetzt Gast bei einer unserer "Halloween-Partys" sein, um das Haus, einmal dekoriert, von innen zu sehen.

Im Übrigen waren die Leute im Ort sowieso sehr neugierig. Um diese Neugierde zu befriedigen, gab es dementsprechend auch Events, in der Weihnachtszeit, bei denen die Häuser speziell geschmückt wurden und dann gegen ein Eintrittsgeld, für einen guten Zweck, zu besichtigen waren.

Auch wir hatten uns einmal bereit erklärt, unser Haus für diesen Zweck, an Weihnachten, entsprechend zu gestalten, Dafür hatten wir insgesamt sechs verschieden geschmückte Weihnachtsbäume, innerhalb des Hauses aufgestellt und die dazugehörigen Räume, entsprechend dekoriert. Jetzt hatten alle neugierigen Nachbarn endlich einmal die Gelegenheit, auch einen Blick in unser Haus zu werfen, auch wenn sie dafür Eintrittsgeld bezahlen mussten.

Dies hatte zur Folge, dass wir in der Zeit zwischen Halloween und Weihnachten komplett damit beschäftigt waren, unser Haus, für die entsprechenden Festivitäten zu dekorieren.

Weihnachten war auch hier, wie in "Naples", die beste Gelegenheit, sich gegenseitig in der Prächtigkeit der Dekoration, des Hauses zu übertreffen. Die Häuser waren mit Tausenden von Lichtern geschmückt und in vielen Vorgärten standen weihnachtlich geschmückte und beleuchtete Figuren, vom Rentiergespann und Weihnachtsmann, bis hin zur "Micky-Maus" im Nikolauskostüm. Nichts ist dem Amerikaner zu außergewöhnlich oder zu kitschig, um sein Haus für diese Festzeit zu gestalten.

Selbst eine Weihnachtsparade wurde jedes Jahr durchgeführt, um das Volk, auf den Festtag einzustimmen.

Wir, als geborene Europäer waren eher dafür bekannt, unser Haus im Inneren gemütlich zu dekorieren, im Gegensatz zu den Amerikanern, die eher dazu neigen, die ganze Dekoration, in ihrem Vorgarten aufzustellen.

An den Wochenenden vor Weihnachten fanden regelmäßig Partys in den verschiedenen Häusern statt, wo jeder Amerikaner zeigen will, wie prachtvoll er dekoriert hat.

Viele dieser Dekorationen sind dann auch nach verschiedenen Themenbereichen gestaltet. So kann es ohne Weiteres auch mal passieren, dass man in ein Haus gerät, dessen Dekoration, ein Thema, aus einem Disney-Film zugrunde liegt, oder wo auch nur verschiedene Farbthemen eine Rolle spielen. Manch einer hat ein Haus, das nur mit goldenen Ornamenten dekoriert ist, andere sind Silber oder nur mit roten Utensilien geschmückt.

Die Krönung, die wir bei einer dieser Partys erlebt haben, war ein Haus, in dem, sage und schreibe, 22 Weihnachtsbäume aufgestellt waren. Viele verzichten eher auf ihren Urlaub oder auf eine andere Anschaffung, um ihr Haus für diesen Event dekorieren zu können. Entsprechend starten deshalb auch schon im September, die Einzelhandelsgeschäfte, mit ihrem Verkauf von Weihnachtsdekorationsartikel.

Manch einer der Geschäftsleute in "Chester" hatte es sich auch zur Gewohnheit gemacht, seine Kunden zu einer Weihnachtsfeier, in seine Geschäftsräume einzuladen. Doch diese Art von Weihnachtsfeier sah in der Regel etwas anders aus, als wir es von Deutschland her kannten.

So wurden wir, von einem Geschäftsmann eingeladen, den meine Frau aus der Bank kannte. Dieser Mann hatte eine Autowerkstatt. Sie werden jetzt denken, man sitzt dort in einem Büroraum, mit Plätzchen und Kuchen am Tisch, trinkt Kaffee und wartet, dass irgendwann der Nikolaus auftaucht.

Doch diese Weihnachtsfeier war etwas anders.

Der ganze Betrieb bestand eigentlich nur aus einem Raum mit zwei Hebebühnen und einem winzigen Büro, mit maximal vier Quadratmetern. Kaffee und Kuchen gab es nicht. Dagegen gab es Bier in Dosen, Whiskey und Schnäpse aller Art, zwei Tage lang geräuchertes und dann klein gehacktes Fleisch, eine undefinierbare Soße und gummiartige Brötchen, die Sie wahrscheinlich von McDonald's her kennen. Alles war auf herumstehenden Ölfässern und ölverschmierten Werkzeugbänken abgelegt. Zum Sitzen gab es Holzpaletten und natürlich die heruntergefahrenen Hebebühnen. Man musste ein wenig aufpassen, dass man nicht in die Schächte darunter fiel. Um dem Ganzen ein weihnachtlichen Flair zu verleihen, hatte der Besitzer eine Nikolausmütze auf dem Kopf und seine Frau trug einen Pullover mit einem Rentierschlitten. Vereinzelt blinkten noch ein paar grüne, rote und weiße Lichter, die man noch schnell für zwei Dollar im "Wal-Mart" gekauft hatte, um die Dekoration zu vervollständigen. Wir hatten unsere erste "Redneck" Weihnachtsfeier erlebt.

Im Gegensatz zu Weihnachten in "Florida", bekamen wir hier, in "South Carolina", schon eher das Gefühl einer heimischen Weihnacht, denn in der Winterzeit, konnte es auch hier, ganz gewaltig abkühlen.

Zwar war Schneefall eine absolute Seltenheit, aber es kam doch, ab und zu, mal vor. Die Folge war dann ein absolutes Chaos. Sobald im Wetterbericht gemeldet wurde, dass es am kommenden Tag, oder in der kommenden Nacht, zu Schneefall kommen sollte, wurden alle Arbeitnehmer von ihren Firmen angerufen und ihnen mitgeteilt, dass die Geschäfte, an diesem Tag nicht geöffnet werden.
Schneefall bedeutete in dieser Region der "USA", einen absoluten Stillstand, des gesellschaftlichen Lebens. Keiner hatte irgendwelche Erfahrungen damit, seinen Wagen auf einer schneeglatten Straße zu bewegen. Um nicht ein totales Verkehrschaos zu verursachen, wurden alle gebeten, in der Zeit, in der es schneite, zu Hause zu bleiben. Banken, Geschäfte und Behörden hatten geschlossen,
So freuten wir uns jedes Mal, wenn der Wetterbericht meldete, dass es am nächsten Tag zu Schneefall kommen würde. Dieser zusätzliche freie Tag kam uns immer sehr gelegen.

Kapitel 29
Arm und reich

Auch in anderen Dingen war der Ort, in dem wir wohnten, sehr merkwürdig, insbesondere durch einige Geschichten, die wir hier erlebten.

Sperrmüll, wie wir es aus "Florida" oder Deutschland kannten, war hier nicht notwendig. In unserem Ort lebten etwa 200 bis 300 gut betuchte, weiße Amerikaner und auch ein paar Farbige aus der Oberschicht, aber gut dreiviertel des Ortes gehörte zur Gruppe von Farbigen, die nur unregelmäßig Arbeit und Einkommen hatten. Das Durchschnittseinkommen im Ort lag gerade mal bei 12.000 Dollar im Jahr. Viele der Bewohner arbeiteten im Herbst in den Baumwollfeldern oder in anderen Bereichen der Landwirtschaft. Die Löhne waren dabei noch so niedrig, dass es in dieser Gegend billiger war, die Baumwolle per Hand pflücken zu lassen, so wie es seit Hunderten von Jahren üblich war, anstatt sie mit einer Maschine zu ernten.

Entsprechend dieser Tatsache und dem somit sehr hohen Armutsanteil in der Bevölkerung war die Verwertung von Sperrmüll kein Thema. Jeder, der etwas wegzuwerfen hatte, was nicht gerade normaler Hausmüll war, stellte es einfach an den Rand der Straße vor sein Haus. Es dauerte nicht länger als zwanzig Minuten, bis die Gegenstände, von diesem Platz verschwunden waren und so, durch die arme Bevölkerung wieder verwertet wurden.
Selbst Dinge, die wir als komplett wertlos erachteten, kamen auf diese Weise wieder zum Einsatz. Ich erinnere mich noch genau an ein Stück Wasserleitung, welches in unserem Haus ausgewechselt werden musste, weil es total verkalkt war. Das etwa einen Meter lange Rohrteil war so verstopft, dass es unmöglich war, es in irgendeiner Form wieder zu verwenden. Doch nach fünfzehn Minuten, am Straßenrand, war es verschwunden.

Ähnliches passierte, als ein Sturm einen unserer alten Bäume, fast gänzlich zerstörte. Teilweise meterdicke Äste waren herabgestürzt und lagen nun, wild durcheinander, in unserem Vorgarten. Ich rechnete eigentlich damit, dass die ganze Entsorgung dieses riesigen, zerstörten Baumes, mindestens tausend Dollar kosten würde. Doch ich war kaum draußen, um den Schaden zu begutachten, als schon der erste alte "Pickup" an der Straße hielt.
Der Fahrer stieg aus und fragte mich: „Brauchen sie das ganze Holz hier?"

„Nein", sagte ich, „das können sie haben, aber sie müssen es sich dann auch selbst zurechtschneiden."

„Vielen Dank", sagte der Mann und fuhr davon.

In weniger als einer halben Stunde waren mindestens fünf Personen, mit Kettensägen, aufgetaucht und zerlegten den umgefallenen Baum in seine Einzelteile. Nach wenigen Stunden war von dem alten Baum nichts mehr zu sehen und alles Holz war abtransportiert.

Das Einzige, was ich tun musste, war die Blätter zusammen zu rechen und an den Straßenrand zu bugsieren, denn einmal in der Woche, kam ein Wagen der Müllabfuhr vorbei, der Pflanzenreste einsammelte. Es war ein Wagen mit einem riesengroßen Staubsauger. Das Ansaugrohr hatte einen Durchmesser von mindestens einem Meter. Der Wagen hielt neben dem Haufen von Blättern und das Rohr wurde auf den Berg gehalten. Der Staubsauger wurde in Gang gesetzt und in Windeseile waren die Pflanzenreste in dem Fahrzeug verschwunden, wo sie klein gehäckselt wurden.

Auf die gleiche Weise wurden auch im Spätherbst, die Unmengen an Laub eingesammelt, welche die alten Bäume verloren. Man suchte sich jemand, für ein paar Dollar, der das ganze Laub zusammenkehrte und an den Straßenrand bugsierte, den Rest machte der große "Staubsauger".

In Sachen Müllentsorgung war "Chester" unfreiwillig unserer Zeit weit voraus. Außer dem Hausmüll blieb fast nichts übrig, sofern man es direkt an den Straßenrand legte.

Im Herbst hatten wir häufig gesehen, wie die Menschen auf den Feldern, die Baumwolle geerntet hatten. Genauso musste es meinem Großvater gegangen sein. Immerhin hatte er mir ja als Kind erzählt, dass er auf einer Farm in "South Carolina" war, während seiner Kriegsgefangenschaft, um bei der Baumwollernte mitzuarbeiten.

„Also muss er in etwa hundertfünfzig Kilometer Umkreis, von hier, irgendwo gewesen sein", dachte ich.

„Ich kenne einen alten Mann, ein Bankkunde, der hat schon oft von den Kriegsgefangen von damals gesprochen", sagte meine Frau.

„"South Carolina" ist groß", antwortete ich, „mein Großvater könnte überall gewesen sein, es gibt doch jede Menge Baumwollfelder in dieser Gegend."

„Du kannst ja einfach mal mit ihm reden", war ihre Antwort.

Einige Wochen später, auf einem Straßenfest, trafen wir dann diesen Mann, von welchem meine Frau gesprochen hatte und sie machte mich mit ihm bekannt.

Es stellte sich heraus, dass er als Kind in unserem Haus aufgewachsen war, obwohl er schwarze Hautfarbe hatte. Der damalige, reiche Besitzer hatte ihn in seinem Haushalt aufgenommen und dort großgezogen.

Da mich die Geschichte unseres Hauses brennend interessierte, luden wir "Wilson", wie der Mann hieß, zu uns ein, damit er uns ein wenig mehr erzählen konnte.

Er war ein kleiner Mann, nur etwa 160 Zentimeter groß, mit schlohweißen Haaren, einem kleinen Schnurrbart und einer goldenen Nickelbrille. Er musste schon weit über achtzig Jahre gewesen sein, denn er erzählte uns immer wieder, dass er zum Ende des Krieges bereits ein junger Mann gewesen war.

Wir erfuhren von ihm jede Menge Dinge über unser Haus, die wir noch nicht wussten und wie die Zeit damals war, als schwarzes Kind in einem weißen Herrenhaus zu leben.

Irgendwann einmal kamen wir dann auch auf das Gespräch der deutschen Kriegsgefangenen in Amerika. Ich sagte ihm, dass mein Großvater auch in diesem Land Kriegsgefangener war.

„In welchem Staat wurde er eingesetzt?", fragte "Wilson".

„In "South Carolina"", sagte ich.

155

„Weißt du auch, für was er eingesetzt war?", wollte er wissen.

„Ja, zum Baumwollpflücken", antwortete ich.

„Da habe ich eine Überraschung für dich", war seine Antwort.

„Wieso Überraschung?"

„Ich weiß, wo dein Großvater gearbeitet hat", sagte er.

„Wie denn das?", fragte ich verwundert.

„Ganz einfach", sagte er, „es gab in ganz "South Carolina" nur eine Farm, welche die Erlaubnis hatte, Kriegsgefangene als Baumwollpflücker einzusetzen und wenn du willst und Zeit hast, dann zeige ich sie dir morgen."

Mir blieb der Mund vor Erstaunen offen stehen.

Am nächsten Morgen, zur verabredeten Zeit, stand er mit seinem Auto vor meiner Tür. Ich stieg ein und los ging die Fahrt. Ich hatte mich auf eine längere Fahrt eingerichtet, doch er sagte mir, dass es nicht sehr weit weg sei.

Wir fuhren gerade einmal drei oder vier Meilen, bis er von der Hauptstraße abbog und über einen Schotterweg durch die Baumwollfelder fuhr. Nach etwa fünfhundert Metern machte er vor einem alten Holzhaus halt. Dahinter war eine alte verfallene Halle zu sehen, in der man früher Baumwolle verpackt hatte.

„Hier ist es, hier hat dein Großvater gearbeitet, hier in dieser Halle und dort auf diesen Feldern."

„Sind sie sich sicher?", fragte ich ihn.

„Zu hundert Prozent! Es gab außer dieser Farm, keine andere Baumwollfarm, weder in "South-" noch in "North Carolina", die berechtigt war, Kriegsgefangene einzusetzen."

Ich begann mich zurückzuerinnern, an die Geschichten, welche mein Großvater erzählt hatte. Jetzt konnte ich die Landschaft erkennen, die er mir beschrieben hatte und jetzt war mir auch klar, von welchem Dorf er gesprochen hatte, wenn er mir sagte, dass er eineinhalb bis zwei Stunden brauchte, um dorthin zu laufen. Erst jetzt begriff ich, dass die Hügel, auf dem der Ort gebaut war, den er immer beschrieben hatte, die gleichen Hügel waren, auf dem mein Haus stand.

Ohne auch nur eine Ahnung davon zu haben, war ich genau an der Stelle gelandet, die mir mein Großvater als Kind immer beschrieben hatte und die der Auslöser dazu war, dass ich in dieses Land gekommen bin und heute selbst Amerikaner bin.

Bis heute, viele Jahre nach dieser Begebenheit, bewegt mich der Gedanke an diesen Moment noch sehr stark und ich hoffe, irgendwann einmal zu erfahren, welche Kraft mich an diesen Ort geleitet hat.

Kapitel 30
Unliebsame Bewohner

Da wir im Hinterland von Amerika wohnten, mitten in der Natur, machten wir auch speziellen Erfahrungen, mit den Tieren, die hier lebten.

Wir waren dabei eine Party, in unserem Garten vorzubereiten und hatten bereits unser Geschirr und die Getränke nach draußen gebracht. Nun fehlte nur noch das Essen. Wie wir es schon, ganz zu Anfang in Amerika gelernt hatten, bewahrt man seine fertigen Sandwiches, am besten, in einer Kühlbox auf.
Das taten wir auch und verstauten die vorbereiteten Brote in einer Kühltasche mit einem Reißverschluss an der Oberseite. Die Kühltasche stellten wir zu unserem Geschirr auf den Gartentisch.
Wir konnten ja nicht ahnen, dass die Waschbären, in dieser Gegend, sich anscheinend auf den "Kühltaschendiebstahl" spezialisiert hatten, oder zumindest auf deren Inhalt.

Mit Schrecken konnte ich von unserer Terrasse beobachten, wie sich ein Waschbär auf unserem Gartentisch zu schaffen machte. Gezielt und in wenigen Sekunden öffnete er den Reißverschluss, der Kühltasche, griff sich zwei unserer fertigen Sandwiches und machte sich, ohne es wirklich eilig zu haben davon. Erst als ich ihm nachrannte, schien er es doch etwas eiliger zu haben. Mit wenigen Sätzen verschwand er in dem riesigen Magnolienbaum, der in der Mitte unseres Gartens stand und mit ihm die Sandwiches. Da ich im Klettern auf Bäume weniger Erfahrung als der Waschbär hatte, musste ich mich diesem kleinen Räuber, leider geschlagen geben.
Dies sollte uns jedoch eine Lehre, für die Zukunft sein, nichts mehr Essbares, für längere Zeit, draußen stehen zu lassen. Erst jetzt fiel uns wieder ein, dass wir schon einmal durch einen Waschbären bestohlen wurden, nämlich in "Naples" am Frühstückstisch, doch scheinbar hatten wir total vergessen, dass diese Tiere genau beobachten, ob irgendwo etwas offensteht, dass sie später auskundschaften könnten.

Die Waschbären waren sehr aufdringlich und wollten natürlich auch einmal, unser Haus von innen besichtigen. An einem Sommertag mussten wir wohl, unvorsichtigerweise, unsere Terrassentür, für längere Zeit unbemerkt offen gelassen haben und ein Waschbär hatte die Gelegenheit genutzt, um sich in unser Haus zu schleichen.

So possierlich die Tierchen auch sind, sollte man sich nicht mit ihnen anlegen.

Sie haben messerscharfe Zähne und Krallen und eine Auseinandersetzung mit ihnen kann zu schweren Verletzungen und Infektionen führen.

Wir hatten jedenfalls nicht bemerkt, dass einer dieser Zeitgenossen, sich in unser Haus geschlichen hatte. In der Nacht wurden wir durch ein merkwürdiges Geräusch geweckt. Zuerst dachten wir an Einbrecher. Ich griff zu meiner Pistole, die immer griffbereit in meinem Nachttisch lag. Dann hörten wir, wie in unsere Küche ein Teller herunterfiel.

Es war uns klar, es konnte nur ein Einbrecher im Haus sein.

Ich überprüfe noch mal, dass meine Waffe geladen war, und begann mich, vom zweiten Stock unseres Hauses, wo sich unser Schlafzimmer befand, die Treppe hinunter in die Küche zu schleichen. Immer die Waffe im Anschlag, um jederzeit abdrücken zu können.

Nun schlich ich mich von Zimmer zu Zimmer.

Doch außer einem zerbrochenen Teller, auf dem Küchenboden, war nichts zu entdecken, Ich überprüfte die Türen und Fenster im Haus. Alles war fest verschlossen.

Es konnte also unmöglich jemand eingebrochen sein.

Warum der Teller jedoch zu Boden gefallen war, konnten wir uns, beim besten Willen, nicht erklären. Wir gingen also wieder zurück, in unser Schlafzimmer.

Nur kurze Zeit später hörten wir erste Geräusche aus dem Badezimmer, welches an unser Schlafzimmer grenzte. Sofort saßen wir, wieder erschrocken, im Bett und begannen nun auch das Bad und den ganzen oberen Stock zu untersuchen.

Aber auch jetzt mussten wir feststellen, dass alle Fenster geschlossen waren und keinerlei Anzeichen dafür bestanden, dass irgendjemand bei uns eingebrochen war. Für den Rest der Nacht blieb es ruhig.

Als meine Frau dann am Morgen ins Badezimmer kam und alle unsere Badezimmerutensilien umgefallen waren begannen wir nochmals, auf die Suche zu gehen.

Eine Bewegung am Vorhang zur Badewanne machte uns dann stutzig und wir zogen ihn beiseite.

Frech schaute uns ein Waschbär mit seinen Knopfaugen entgegen und fauchte uns an.

„Ich glaube nicht, dass es gut ist, wenn wir ihn hier, in unserer Badewanne er-
schießen!", sagte ich.

„Wir müssen ihn auf irgendeine, andere Weise hier heraus bekommen."

Doch dabei war äußerste Vorsicht geboten. Während der Waschbär in der Badewanne ausharrte, öffneten wir das Badezimmerfenster und bewaffneten uns mit
einem langen Besenstiel.

Stück für Stück bewegten wir den Waschbär dazu, sich in Richtung des offenen
Fensters zu bewegen. Immer wieder fauchte er uns an und schlug nach dem Besenstiel, mit seinen scharfen Krallen.

Nach längerer Zeit hatten wir es schließlich geschafft, dass er aus dem offenen
Badezimmerfenster sprang. Wie er es aus dem zweiten Stock, wieder in die Freiheit geschafft hatte, können wir bis heute nicht beantworten.

Wir hatten natürlich vermutet, dass er, aus dem zweiten Stock, aus dem Fenster
gestürzt war und nun, unten im Garten, tot vor dem Haus lag.

Doch dem war nicht so.

Von dem Waschbär war nichts mehr zu sehen. Er muss es also irgendwie geschafft haben, an der Hauswand herunterzuklettern.

Das sollte uns eine Lehre sein, die Terrassentür nicht unbeobachtet offen stehen zulassen.

Also es Frühling wurde, wurden wir immer wieder, durch komische Geräusche in unserem Kaminschacht gestört. Es hörte sich an, wie das Zwitschern junger Vögel, die ihre Mutter nach einer Mahlzeit herbeiriefen. Doch seit wann würden Vögel ihre Nester in einen dunklen Kaminschacht bauen?

Da wir unsere Kamine mit einer entsprechenden Gasbefeuerung benutzen, die keinen Abzug mehr benötigte, waren die Schächte des Kamins, durch eine Klappe verschlossen. Das heißt, die Möglichkeit, die unliebsamen Besucher, durch Rauch zu vertreiben, gab es nicht.

Was wir nicht bemerkt hatten, war, dass der Kamin, in unserem Schlafzimmer und die Klappe, die ihn verschloss, einen kleinen Spalt offen stand, der vielleicht zwei Zentimeter breit war.

In einer Nacht wurden wir aus dem Bett aufgeschreckt. Ein komisches Geräusch, als ob irgendetwas durch die Luft fliegen würde, hatte uns geweckt. Erst als wir das Licht einschalteten, bemerkten wir unseren unliebsamen Besucher.

Es war eine Fledermaus.

Sie war aus unserem Kamin gekrochen und flog nun in unserem Schlafzimmer herum. Mit einem großen Handtuch versuchte ich sie einzufangen, was mir nach langer Zeit auch gelang. Ich brachte das Tier nach draußen, nichts ahnend, das noch Hunderte seiner Vettern, es sich in unserem Kamin bequem gemacht hatten. Erst als die "Piep-Geräusche", aus unserem Kaminschacht, langsam nervenaufreibend wurden und sich zusätzlich der Geruch von Ammoniak aus unserem Kamin verbreitete, war uns klar, dass sich dort eine ganze Kolonie von Fledermäusen niedergelassen hatte.

Jetzt stellte sich die Frage, wie wir diese Plage wieder loswerden würden.

Fledermäuse stehen unter Naturschutz, also konnten wir nicht mit harschen Mitteln vorgehen.

Jeden Abend, in der Sommerzeit beobachteten wir, von unserem Garten aus, wie die Fledermäuse, bei Einbruch der Dunkelheit, ihren Bau verließen und auf die Jagd gingen. Die Tatsache, dass sie alle, jede Nacht zum Fressen unterwegs waren, brachte uns dann auf eine Idee.

Wir ließen eine Klappe, an der Spitze des Kaminschachtes anbringen, um diesen, an seinem Ausgang verschließen zu können. Die Klappe wurde mittels eines kleinen Holzstabes, soweit offen gehalten, dass die Fledermäuse ein und ausfliegen konnten. An dem Holzstab hatten wir eine Schnur angebunden, die bis auf den Boden in unserem Garten reichte.

An einem lauen Sommerabend war es dann soweit. Wir warteten draußen, bis die ganze Kolonie ausgeflogen war. Dann zogen wir an der Leine und die Klappe schloss sich. Wir hatten das Problem mit den Fledermäusen, in unserem Kamin erledigt.

Eine andere Plage, die uns allerdings weniger zu schaffen machte, waren die Eichhörnchen.

Zu Dutzenden hatten wir diese Tiere, welche die Einheimischen "Ratten mit buschigen Schwänzen" nannten, in unserem Garten und in unseren Bäumen. Eichhörnchen sind in dieser Gegend unbeliebte Zeitgenossen und gleichzeitig, eine Delikatesse, für echte "Rednecks".

Aus diesem Grund machten viele der Bewohner des Ortes Jagd auf diese Tiere, die wohl auch deshalb, alle in unserem Garten Zuflucht gesucht hatten, weil wir nicht auf die Idee kamen und weil wir es nicht übers Herz brachten, diese possierlichen Tiere zu erschließen.

Dazu wäre auch eine spezielle Genehmigung erforderlich gewesen. Hier wird einem dann auch, die verrückte Gesetzgebung, im amerikanischen Recht klar.

Um einen Eindringling, wie ein Eichhörnchen zu erschließen, braucht man eine spezielle Genehmigung, von der Behörde, für einen Einbrecher, jedoch nicht!

Kapitel 31
Jagen und Fischen

Trotz der Tatsache, dass ich kein Interesse daran hatte, Eichhörnchen zu jagen, lud mich ein Bekannter ein, mit ihm zur Jagd zu gehen. Es ging um das Jagen von Rotwild, in den Wäldern von "South Carolina".

Nun ist die Jagd, in Amerika, ganz anders geregelt, als wir es von Europa her kennen. Um in Deutschland jagen und Angeln zu gehen, sind spezielle Scheine und Prüfungen notwendig und dann kann man trotzdem noch lange nicht, einfach in den Wald gehen und Rehe schießen.
Hier in Amerika ist das Ganze komplett anders geregelt.

Wer jagen oder fischen will, der besorgt sich einfach, bei der Behörde, einen Jagd- oder Angelschein. Prüfungen oder irgendwelche Tests sind dafür nicht notwendig. Man bezahlt seine Jahresgebühr von ungefähr dreißig Dollar und erhält den entsprechenden Jagd- und Angelschein. Dies ist auch online möglich, dann bekommt man alles zugeschickt.
Sofern man ein geeignetes Grundstück besitzt, kann man jetzt zur Jagd gehen. Die Behörde regelt jetzt nur noch, wann und zu welcher Zeit, welche Tierart gejagt werden darf und wie viel davon, man maximal jagen darf.
Jedem Amerikaner ist es gestattet, auf seinem eigenen Grund und Boden zu jagen. Viele der dort lebenden Einwohner besitzen große Ländereien, mit Wäldern und Seen. Dort haben sie dann auch das Recht, einfach auf die Jagd zu gehen oder die Angel in den See zu halten.

Deshalb sollte man auch äußerst vorsichtig sein, wenn man sich in Amerika, auf unbekanntem Terrain bewegt, denn über 90 Prozent der Ländereien sind in Privatbesitz. Es ist also nicht möglich, wie in Deutschland, einfach mal einem Waldspaziergang zu machen. Man läuft dabei Gefahr, von dem Besitzer des Waldstückes, der sich vielleicht gerade auf der Jagd befindet, erschossen zu werden. Selbst wenn er nicht auf der Jagd ist, sich aber von einem bedroht fühlt, kann er, wie ich ja bereits erwähnt habe, sich auf seinem Grundstück selbst verteidigen. Erklären Sie jetzt mal, wo er Sie erschossen hat, dass sie ihn gar nicht angegriffen haben.

Aus diesem Grund sollten man sich, in den "USA", bei Ausflügen in die Natur möglichst in einem öffentlichen "State-Park" oder Nationalpark bewegen, damit man nicht Gefahr läuft, Opfer eines Jagdunfalles zu werden.

Ein weiterer Grund, warum man nicht in den Wäldern herumstreichen sollte, sind die "Moonshiner". Das gilt besonders für die Gegend der Südstaaten, also im "Redneck-Country".
In den Südstaaten ist es nach wie vor, gang und gäbe, dass Alkohol schwarz, also ohne Lizenz gebrannt wird. Die Leute, welche sich auf diese Weise mit Alkohol versorgen und diesen teilweise auch verkaufen, nennt man "Moonshiner". Sie verstecken ihre Destillen meist in den dichten, unzugänglichen Wäldern.

Zum Schutz ihrer illegalen Betriebe werden im Wald, jede Menge "Booby-Traps" installiert, also Sprengfallen verschiedener Art. So kann es einem ohne weiteres passieren, dass man in ein Loch tritt, welches voller Klapperschlangen ist, oder über einen Draht stolpert, der eine Schrotflinte auslöst. Nicht gerade das, was man bei einem gemütlichen Waldspaziergang erwartet.
Jeder in unserem Dorf kannte irgendjemanden, der im Wald illegal Schnaps brannte.

So nutzte ich auch die Gelegenheit, mit einem meiner Freunde, der ein großes Waldstück, in der Nähe unseres Hauses besaß, die Erfahrungen der Rotwildjagd zu erleben.

Wie bereits vorher in diesem Buch erwähnt ist es nicht besonders schwierig, sich die entsprechende Waffe für diesen Ausflug zu besorgen, denn auch Gewehre, jeder Art, bis hin zum Schnellfeuergewehr, sind ohne große Probleme, in jedem Waffenladen erhältlich. Aus diesem Grunde ist es auch nicht verwunderlich, dass jeder, der auf dem Land lebt, mindestens ein Gewehr oder eine Schrotflinte zu Hause hat, um entweder damit auf die Jagd zu gehen oder sich selbst zu verteidigen. Selbst Kinder im frühen Alter lernen hier schon, mit diesen Dingen umzugehen.

Diese Tatsache findet dann auch Niederschlag, in einem Witz, den die Amerikaner gerne erzählen, in dem sie fragen, warum sich niemand wirklich traut, Amerika anzugreifen. Der Grund dafür sei, dass der Angreifer dreihundert Millionen bewaffneten Personen gegenüberstehen würde.

Man mag darüber denken, wie man will, aber in Amerika gehört dies zum normalen Alltagsleben.

Auch wir haben uns inzwischen daran gewöhnt, ein Jagdgewehr und eine Pistole unser Eigen zu nennen.

Ähnlich ist es mit der Angelei.

Wie bereits beschrieben, ist es sehr einfach, einen Angelschein zu erhalten und es gibt kaum ein Gewässer, an dem nicht jemand steht, der seine Angel hineinhält. Die Chance dieser Tätigkeit nachzugehen, auch wenn man kein eigenes Land besitzt, ist erheblich größer, als zur Jagd zu gehen. Die meisten Gewässer, in den "Vereinigten Staaten", sofern es nicht ein kleiner See auf einem privaten Grundstück ist, sind im Besitz des Staates und damit ist es jedem gestattet, dort entsprechend seine Angel ins Wasser zu halten, sofern man dies an einer Stelle tun kann, die nicht in Privatbesitz ist, wie etwa der Grünstreifen neben einer Straße oder eine Brücke.

Auch als Tourist hat man die Möglichkeit, dies zu tun.

An den Küsten Amerikas gibt es unzählige "Fishing-Piers", also große frühere Bootsanleger, die weit ins Wasser hinaus ragen, wo man, meist gegen eine geringe Gebühr das Recht hat, einen Tag lang Angeln zu gehen. Meist erhält man die entsprechende Angelerlaubnis, an einem kleinen Häuschen, direkt am Pier. Es ist also noch nicht einmal ein Boot notwendig, obwohl man es, wie ich ja bereits erwähnt hatte, auch ohne Führerschein fahren darf.

Wenn man also etwas mehr Zeit und etwas mehr Geld hat, kann man sich einfach ein Boot leihen und sich damit auf das Gewässer begeben.

Kapitel 32
"Miami"

Nach mehreren Jahren in "South Carolina", im amerikanischen Hinterland der "Rednecks", kamen wir zu dem Entschluss, dass dies, auf Dauer, nicht die geeignete Gegend für uns war, um dort zu leben.

Wie auch das Leben, in Deutschland, auf einem Dorf dadurch geprägt ist, dass jeder jeden kennt und jeder weiß, was man tagsüber tut, wann man nach Hause kommt und das Haus verlässt, genauso ist es hier, auf einem Dorf in den "Vereinigten Staaten". Nur, dass man als jemand, mit einem ausländischen Akzent, umso mehr beobachtet wird.

Zwar hatten wir, in dieser Zeit, viele Freunde dort gefunden, doch waren wir nicht bereit, uns mit Haut und Haaren, in das Alltags- und Vereinsleben des Ortes einbinden zu lassen. War man nicht Mitglied, bei diesem oder jenem Verein, oder ging sonntags regelmäßig zur Kirche, wurde man teilweise, wie ein Außenseiter behandelt.

Der Ort war geteilt, in die Personen, die dort schon immer lebten und regierten und die "Zugezogenen".

Als "Zugezogene" und noch dazu, mit einem ausländischen Akzent, hatte man wenig Einfluss, auf das Geschehen, innerhalb des Ortes. Die Alteingesessenen bestimmten was passiert und regelten, entsprechend die Gesetze.

Seit unserem Weggang, von "Florida" waren mehr als vier Jahre vergangen und in dieser Zeit, hatte kein einziger Sturm mehr, den südlichen Staat in Amerika erreicht. Unsere beiden Töchter waren damals nach "Miami" gezogen, hatten in der Zwischenzeit geheiratet und auch Nachwuchs bekommen.

Also überlegten wir, ob wir nicht zurück nach "Florida", speziell auch nach "Miami" ziehen sollten, da sich ja bereits der andere Teil unserer Familie dort befand.

Doch nach den Erlebnissen mit "Hurrikan Wilma" wollten wir nicht mehr in ein einzelnes, frei stehendes Haus ziehen, um nicht noch mal Gefahr zu laufen, eventuell alle Bäume in unserem Garten oder, im schlechtesten Falle, unser Dach des Hauses, zu verlieren.

Aus diesem Grund beschlossen wir, in einem Apartment, in "Miami" zu leben.

Gesagt, getan!

Im Frühsommer 2010 zogen wir wieder zurück nach "Florida" und leben seitdem, in einem Hochhausapartment, im 16. Stock, mit Blick auf den Atlantischen Ozean und einer Aussicht von "Ft. Lauderdale" bis zum Hafen von "Miami".

Das Leben hier hatte nichts mehr damit zu tun, was wir in den letzten vier Jahren kennengelernt hatten. Zwar war "Miami" uns gut bekannt, durch die Zeit, die wir vorher in "Florida" gelebt hatten, doch die Stadt hat ihre besonderen Eigenarten. "Miami" ist ganz anders als viele andere Städte in Amerika. So ist der Anteil, der spanisch sprechenden Bevölkerung größer, als in jeder anderen Stadt in den "USA". Nahezu zwei Millionen Exil-Kubaner haben sich hier niedergelassen und stellen somit, im Großraum "Miami", mit seinen nahezu sechs Millionen Einwohnern, fast ein Drittel aller Einwohner. Das führt dann auch schon mal dazu, dass man auf jemanden trifft, der, obwohl er in Amerika lebt, kein Englisch versteht.

Dies ist uns auch passiert, als wir von einer Reise zurück waren und auf dem Flughafen von "Miami" landeten. Mit einem Taxi wollten wir zurück, in unser Apartment. Wir erklärten dem Taxifahrer, in Englisch, unser Ziel und erwarteten, dass er daraufhin losfahren würde. Doch dieser schüttelte nur den Kopf.
Er sagte: „No lo entiendo, yo no hablo Inglés", was so viel bedeuten sollte, wie dass er uns nicht verstand und kein Englisch sprach.
Er wusste nicht, wohin er uns bringen sollte. Frustriert verließen wir wieder das Taxi, um jemanden zu finden, der Englisch sprach und uns zu unserem Zielort bringen konnte.

Auch das ist Amerika! Sie müssen also nicht unbedingt Englisch können, um hier zu leben. Auch in anderen Städten, dieses Landes, kann man ähnliche Dinge erleben.
So ist es zum Beispiel nicht ungewöhnlich, dass sie in "Chinatown" in "San Francisco ", auf Leute treffen, die erstens, diesen Stadtbezirk noch nie verlassen haben und zweitens, außer Chinesisch, keine andere Sprache sprechen oder verstehen.

"Miami" selbst ist ein Schmelztiegel aus allen Nationen dieser Welt.
Besonders in "Miami-Beach", im Art-Deco Viertel am "Ocean Drive", begegnet man allen Nationen, Hautfarben und Sprachen dieser Welt.

Dieser Teil von "Miami" ist auch die "Partymeile" der Stadt und das Zentrum einer ganzjährigen "Open-Air Party", in diesem Land.

"South-Beach", wie diese Ecke von "Miami-Beach" heißt, hat Tag und Nacht geöffnet und besitzt Hunderte von Restaurants, Hotels und Nachtklubs, in welchen es, das ganze Jahr, hoch hergeht.
Noch vor dreißig Jahren galt diese Ecke, bei den Amerikanern als "Gottes Wartezimmer".
Zur damaligen Zeit hatten sich alle Rentner, in dieser Gegend niedergelassen. Doch das hat sich seitdem komplett umgekehrt. Die älteren Leute sind in andere Stadtviertel umgezogen, oder haben "Miami" gänzlich verlassen, während die "Party-Gänger", aus aller Welt, dort Einzug gehalten haben.

So ist es auch nicht verwunderlich, dass "Miami", die einzige Stadt in den "USA" ist, die auch einen "FKK Strand" besitzt. Natürlich ist dieser, nur auf wenige Hundert Meter begrenzt, um diese Form der Schamlosigkeit nicht ausufern zu lassen. Solange jedoch ihre Geschlechtsteile und die Brüste der Damen, in irgendeiner Weise bedeckt sind und sei es auch nur, mit einem winzigen Fetzen Stoff, gilt dies überall in "Miami", als akzeptabel.
Es ist deshalb auch nicht verwunderlich, dass man Menschen, mit solch leichter Bekleidung, auch in der Innenstadt treffen kann, die dort einen Einkaufsbummel machen. In "Miami", der Stadt, wo das ganze Jahr über Sommer ist, wird dieses toleriert. In jeder anderen Stadt, in den "USA", würde man sich dafür einige Tage Gefängnis einhandeln.

Doch wie sieht es in einer "Party-Stadt", mit dem Alkohol aus?

Nach wie vor ist es auch hier nicht erlaubt, Alkohol offen in einem Fahrzeug zu transportieren, oder in der Öffentlichkeit zu konsumieren. Abhilfe schafft man dadurch, dass man die Schnapsflasche in braunes Packpapier eingewickelt und somit nicht mehr zu sehen ist, was sich in der Papiertüte befindet. Obwohl jeder weiß, dass niemand seine Cola-Flasche in Packpapier einpacken würde, um sie in der Öffentlichkeit zu trinken.

Alkohol auf offener Straße, am Strand oder in Parks zu konsumieren, ist offiziell verboten, wird aber trotzdem, häufig toleriert. Ich würde Ihnen jedoch nicht raten, es auf einen Versuch ankommen zu lassen.

In diesem Zusammenhang möchte ich noch einmal darauf hinweisen, dass der Konsum von Alkohol, für Jugendliche, unter 21 Jahren, strengstens verboten ist. Man wird zwar auch in Amerika mit 18 Jahren volljährig, ebenso wie in Deutschland, doch ist das Trinken von Alkohol, noch für weitere drei Jahre untersagt.

Hier wird auch peinlich, auf die Durchführung dieses Gesetzes geachtet. Nicht nur derjenige, der sich dabei erwischen lässt, dass er mit unter 21 Jahren Alkohol konsumiert, wird streng bestraft, sondern auch das Lokal, welches demjenigen den Alkohol ausgeschenkt hat. Es passiert deshalb immer wieder, gerade wenn man noch sehr jugendlich aussieht, dass beim Kauf oder dem Bestellen von Alkohol, nach dem Ausweis gefragt wird, denn sollte das Lokal dreimal erwischt werden, dass es Jugendlichen unter 21 Jahren Alkohol ausgeschenkt hat, wird das Etablissement geschlossen. In diesem Falle kennen das Gesetz und der Gesetzgeber keine Gnade.

Inzwischen haben jedoch, einige, findige Köpfe, auch für dieses Problem eine Lösung gefunden.

So gibt es im Hafen von "Miami", ein großes Passagierschiff, welches täglich zwischen "Miami" und der Bahamainsel "Bimini" verkehrt. Für knapp neunzig Dollar lässt sich damit ein Tagestrip auf die "Bahamas" buchen, um dort die Sonne zu genießen. Am Abend ist das Schiff wieder zurück in "Miami" und dann, kommt die geniale Idee zum Tragen, denn in der Nacht unternimmt das Schiff die gleiche Reise noch einmal.

Doch nun ist das Publikum ein ganz anderes, als am Tage.

Das Schiff legt gar nicht erst auf den "Bahamas" an, sondern verweilt vor der Insel, für etwa ein bis zwei Stunden, um dann, bis zum frühen Morgen, wieder nach "Miami" zurückzukehren. Das Oberdeck wird für diese Zeit, in eine riesige

Diskothek und Tanzpalast umgewandelt. 98 Prozent der Passagiere, die diese Reise buchen, sind zwischen 18 und 21 Jahren alt.

Warum das, werden Sie sich fragen?

Sobald das Schiff die "Dreimeilenzone" verlässt, gilt das amerikanische Gesetz nicht mehr, welches den Ausschank von Alkohol, an unter 21-Jährige verbietet. Die erste halbe Stunde, auf dem Schiff, geht somit noch relativ gemütlich vonstatten. Doch sobald die Bar freigegeben wird, dauert es kaum eine Stunde, bis die komplette Gesellschaft der Gäste, auf diesem Schiff, sturzbetrunken ist. Dies führt auch dazu, dass kaum einer, der über 21 Jahre alt ist, diese Reise bucht, denn nur um zu sehen, wie die Jugendlichen in den nächsten sechs bis acht Stunden ausrasten, muss sich niemand, ohne große Not antun.

Diese Form, das Alkoholgesetz zu umgehen, ist somit sehr beliebt und wird auch noch von einigen anderen Gesellschaften auf kleineren Schiffen entsprechend angeboten.

Kapitel 33
Verkehr

"Miami" hat in den letzten Jahren sehr stark unter dem Platzen der "Immobilien-blase", in den Jahren 2007 und 2008 gelitten. Viele der damals geplanten Bauwerke wurden daraufhin eingestellt. Zuvor war "Miami", die Stadt, in den "USA", die innerhalb der letzten zehn Jahre, die meisten Wolkenkratzer mit über 25 Stockwerken gebaut hatte, mehr noch als die Städte "New York" und "Chicago".

Hunderttausende strömten in dieser Zeit, in die Stadt, was zu einem mehr oder minder großen Verkehrschaos, während des Tages führt.

In "Miami" sich fortzubewegen, heißt im Stau stehen.
Für zwanzig Kilometer Autofahrt sollte man schon mal, gute sechzig Minuten Fahrzeit einplanen. Zudem hat der Straßenverkehr in "Miami" seine eigenen Gesetze, die man kennen sollte, um nicht in einen Unfall verwickelt zu werden.
So führt die Stadt nicht nur, in ihrer Kriminalstatistik, sondern auch in ihrer Unfallstatistik, die Listen in den "Vereinigten Staaten" an. Jeder Bürger von "Miami", wird im Schnitt, alle sechs Jahre in einen Verkehrsunfall verwickelt, wobei in 20.000 Fällen, pro Jahr, die Unfallverursacher verschwinden, noch bevor die Polizei aufgetaucht ist.

Erschwert wird das Fahren hier auch deshalb, weil kaum einer, in "Miami", sich noch erinnern kann, dass sein Fahrzeug einen Blinker besitzt. Spurwechsel, auf einer zwölfspurigen Autobahn, ohne den Mitfahrern anzuzeigen, dass man mal kurz, von der siebten Spur, nach rechts, auf die zweite Spur überwechselt, ist hier gang und gäbe, mit den zuvor geschilderten Resultaten.

Viel wichtiger, als der Blinker, ist jedoch die Hupe am Auto. Diese wird, bei jeder sich bietenden Gelegenheit, gerne und auch lange eingesetzt.

Rotlicht an einer Ampel bedeutet noch lange nicht, dass die Autos auch stehen bleiben. In der Regel sollte man damit rechnen, dass, nachdem die Ampel rot geworden ist, noch mindestens drei Fahrzeuge die Kreuzung überqueren. Das führt dann auch dazu, dass man auf keinen Fall, wenn die eigene Ampel grün wird, direkt losfährt, um über die Kreuzung zu fahren. Dies würde ansonsten eine Kollision, mit einem der drei, bei Rot fahrenden Autos bedeuten. Also wartet man besser noch ein bis zwei Sekunden, nachdem es grün geworden ist, bis man losfährt, auch wenn die dreißig Autos, die hinter einem stehen, in diesem Fall ein "Hupkonzert" eröffnen.

Auch nimmt man es, hier, mit der Höchstgeschwindigkeit auf den Highways nicht so genau. 55 Meilen "Speedlimit", bedeutet in "Miami", dass jeder siebzig Meilen schnell fährt. Doch sollte man sich nicht dazu verleiten lassen, im Fluss der "Geschwindigkeitsübertreter" mit zu schwimmen, denn ab und zu, gibt es doch noch mal einen eifrigen Polizisten, der sich in diesem Fall für einen interessieren könnte, was zu sehr unangenehmen Folgen führen kann. Dies ist zwar hier weniger häufig der Fall, als in anderen Teilen der "USA", aber ausgeschlossen ist es auch nicht.

Für den Zeitraum von fast vier Jahren lag die Bautätigkeit in "Miami" am Boden. Die im Bau befindlichen Apartmenthochhäuser wurden zwar fertiggestellt, doch fand man niemanden, der die Apartments kaufen wollte. Die Preise, fielen, zu dieser Zeit, ins Bodenlose. Ein vier Millionen Dollar Apartment, war jetzt auch mal für nur noch 800.000 Dollar zu bekommen.
Das ist inzwischen jedoch wieder Schnee von gestern.
Seit dem Sommer 2012 hat sich die Stadt, von diesem Schock erholt und ein erneuter "Bauboom" hat eingesetzt. Diesmal geht es allerdings weniger, um die massenhafte Erstellung von Apartments, für den Durchschnittsbürger, sondern eher um extreme Luxuswohnungen für Superreiche.
Gerade wurden hier vier Hochhäuser fertiggestellt, die jeweils mehr als fünfzig Stockwerke haben. Nun sollte man meinen, dass dort Unmengen an Apartments zu finden sind, doch dem ist nicht so. Meistens haben diese Gebäude nur maximal dreißig bis vierzig Apartmentwohnungen. Der neue Trend geht dahin, dass jedes Apartment, mindestens ein oder zwei Stockwerke umfasst. Das hat natürlich auch seinen Preis und wer es besonders luxuriös mag, der kann in Zukunft, auch noch sein Auto, mit auf sein Stockwerk nehmen.
Der "Porsche-Tower", der in "Miami" gerade entsteht, bietet zukünftig die Möglichkeit, dass man mit seinem Fahrzeug direkt in einen Fahrstuhl fahren kann, der ungefähr die Größe einer Garage besitzt. Dieser Fahrtstuhl bringt einem dann, ohne dass man das Fahrzeug verlassen muss, in das Stockwerk des eigenen Apartments und man kann seinen Wagen, bequem, direkt neben dem eigenen Wohnzimmer parken, auch wenn das Apartment im 40. Stock liegen sollte.
Dem Größenwahn hier in "Miami" sind keine Grenzen gesetzt.

Umso krasser sind auch dann die Grenzen, zwischen den Superreichen und den Bettelarmen. Es gibt viele Viertel, hier in der Stadt, die man besser, nach dem Einbrechen der Dunkelheit nicht mehr betreten sollte. Während auf der anderen

Seite Geld scheinbar keine Rolle mehr spielt. So wird auch schon, gut und gerne mal, fünfzig oder hundert Millionen Dollar, für ein Haus ausgegeben, sofern die Lage dementsprechend ist.

Auch in dieser Stadt gibt es wiederum jede Menge "Gated Communities", in denen sich die Amerikaner zurückziehen und sicherer fühlen.

In "Miami", das muss man ehrlich zugeben, macht das auch wirklich einen Sinn, denn die Stadt führt fast jede Statistik über Kriminalitätsraten an.

Um dies zu verdeutlichen hier drei Beispiele der Straftatenstatistik pro 100.000 Einwohner

Mord – Deutschland 2.5 – Miami 16

Raub – Deutschland 60 – Miami 494

Einbruch – Deutschland 251 – Miami 1269

Wenn wir uns an dieser Stelle schon über Hochhäuser unterhalten haben, will ich doch noch auf ein Phänomen aufmerksam machen, das man in den ganzen "Vereinigten Staaten" findet.

Es gibt keinen 13. Stock!

Egal, ob man sich in einem Apartmenthochhaus befindet oder in einem Hotel, der 13. Stock wird generell ausgelassen. Auch das Zimmer mit der Nummer 13 wird man vergeblich suchen.

Der Zahl 13, als Unglückszahl, wird hier in den "USA" sehr viel mehr Aufmerksamkeit geschenkt als in Europa, nämlich in der Weise, dass man sie bei allen Gelegenheiten, einfach unter den Tisch fallen lässt.

Es gibt keinen Tisch, in einem Restaurant der die Nummer 13 hat.

Es gibt kein 13. Stockwerk.

Es gibt kein Zimmer mit der Nummer 13.

Es gibt keine Hausnummer 13.

Es gibt keine Autobahn oder Fernstraße mit der Nummer 13.

Und in manchen Städten fehlt sogar die 13. Straße, Avenue oder Boulevard.

Kapitel 34
Ein Polizeiauto

Wie ich bereits im vorherigen Kapitel erwähnt hatte, ist in "Miami" rücksichtsloses Fahren an der Tagesordnung. Es gibt kaum einen Wagen, der nicht einen Kratzer oder eine Delle hat.

Lange Zeit überlegte ich, was ich tun könnte, um ein Fahrzeug nicht nach wenigen Jahren, wie eine verbeulte Karosse aussehen zu lassen. Mein "Pick-up Truck", den ich aus "South Carolina" mitgebracht hatte, war nicht die geeignete Lösung. Ein Auto mit über sechs Metern Länge und einem Spritverbrauch von über achtzehn Litern, war nicht das geeignetste Fahrzeug in einer Großstadt. Zwar fühlte man sich darin sicher, bei eventuellen Karambolagen, aber einen Parkplatz, in einem Parkhaus zu finden, war etwas schwierig. Ich wollte auch nicht, jeden dritten Tag tanken müssen, zumal das Benzin in "Miami" fast einen Dollar teurer, pro Gallone war, als in "South Carolina".

Eine Anzeige, in einer Zeitung, brachte mich auf eine Idee.

In dieser Anzeige wurde dargestellt, dass die Regierung sich, dann und wann, von ihren Bürogegenständen oder Fahrzeugen, in Form einer Auktion trennen würde. Unter anderem wurden in dieser Auktion auch ehemalige Polizeifahrzeuge versteigert. Diese werden, in der Regel, wenn sie knapp 100.000 Kilometer auf dem Buckel haben, ausrangiert und für die Versteigerung oder den Verkauf freigegeben. Nun ist es in Amerika so, dass es sich, bei fast alle Polizeifahrzeugen, egal aus welchem Staat sie auch immer sind, um das gleiche Modell, nämlich einen "Ford Crown Victoria" handelt.
Dieses Fahrzeug ist zudem, nicht als normales Fahrzeug erhältlich. Ford baut, für den normalen Straßenverkehr, anderer Fahrzeuge. So ist jedem Amerikaner klar, wenn er einen "Ford Crown Victoria" auf der Straße sieht, ob mit oder ohne Blinklicht, ob mit oder ohne Beschriftung, dass es sich hierbei, um ein Polizeifahrzeug handelt.

Nun hatte ich die Möglichkeit, auf einer dieser Auktionen, auch eines dieser Fahrzeuge zu erstehen.
Es war, wie gesagt, ein "Ford Crown Victoria", komplett schwarz lackiert, mit schwarz getönten Scheiben, sodass man von außen nicht hineinsehen konnte.

Bei diesem Fahrzeug handelte es sich um einen Streifenwagen, der keine Warn-leuchten auf dem Dach hatte. Diese waren im Kühlergrill und den Scheinwerfern integriert und nur dadurch ihrer Funktion beraubt, indem man die Kabel von der Batterie getrennt hatte. Dass gleiche geschah mit der Polizeisirene. Auch die befand sich nach wie vor im Fahrzeug und es wurde nur die entsprechende Stromleitung dazu gekappt.

Das Gesetz sagt in diesem Falle aus, dass diese Teile nicht entfernt werden müs-sen, es jedoch verboten ist, sie unerlaubterweise einzusetzen, was mich nicht weiter störte, denn von außen war ganz deutlich zu erkennen, dass es sich hier um ein Polizeifahrzeug handelte und durch die dunklen Scheiben, war für andere Verkehrsteilnehmer nicht zu erkennen, ob sich in dem Wagen, ein Polizist oder eine Privatperson befindet.

Dies hatte nun zur Folge, dass die Verkehrsteilnehmer, rund um mich herum, begannen, sehr vorsichtig zu agieren. Auf einmal schnitt mir niemand mehr den Weg ab, keiner traute sich, wenn ich mit meinem Fahrzeug auf dem Highway unterwegs war, jetzt mit siebzig Meilen an mir vorbei zu rasen. Alle hielten sie sich vorsichtig hinter mir und hielten sich an die vorgeschriebene Geschwindig-keit. Keiner hupte mich mehr an, auch wenn ich an der Ampel, bei Grün, etwas länger wartete und auch niemand kam er auf die Idee, mir die Vorfahrt zu neh-men. Ganz im Gegenteil, auch an einer "Vier STOP Kreuzung" winkten mich alle immer vorbei.

Zu meiner Sicherheit trug zudem noch bei, dass das Fahrzeug mit entsprechenden Stahlplatten an der Seite und in dessen Stoßstangen ausgestattet war. Dies diente, normalerweise, bei einem Polizeifahrzeug dazu, um flüchtende Verkehrsteilnehmer, rammen zu können, ohne dabei das Polizeifahrzeug großartig zu demolierten. Das Fahrzeug ist zudem mit einer Karosserie und einem Motor ausgestattet, dass keine Wünsche mehr in der Bedienung übrig lässt. Trotz seines tonnenschweren Gewichtes und seinen riesigen Ausmaßen lässt es fast jedes andere Auto in seiner Beschleunigung stehen.

Dies alles half mir dann auch, bei einer Gelegenheit, in der ich, durch einen anderen, in einen schweren Unfall verwickelt wurde.
Ich war auf einem der Highways, mit etwa 55 Meilen, also knapp neunzig Stundenkilometer unterwegs. Ein anderer Verkehrsteilnehmer, der weitaus schneller war, als ich selbst, versuchte, ohne sich auch nur umzuschauen, die Fahrspur zu wechseln und fuhr mir, mit seinem Fahrzeug und einer Geschwindigkeit von etwa 120 Stundenkilometer, in meine Seite.
Im ersten Moment hatte ich es gar nicht richtig realisiert, denn mein Fahrzeug war, trotz des heftigen Aufpralles, kaum aus seiner Spur geraten und kam auch nicht mal ins Schlingern.
Wir fuhren beide an den Straßenrand, um zu sehen, welche Schäden zu begutachten waren. Ich stieg aus und konnte, im ersten Moment, gar keinen Schaden, an meinem Fahrzeug, feststellen, während das Fahrzeug des Unfallverursachers so sehr beschädigt war, dass man von einem Totalschaden sprechen konnte.
Die Stahlarmierung an meinem Fahrzeug hatte das Schlimmste verhindert. Erst beim zweiten Hinsehen konnte ich die Kratzer in meinem Lack feststellen, doch eine Delle hatte das Fahrzeug nicht.
Der Unfallverursacher war kreidebleich, denn er dachte, er hätte einen Polizisten gerammt und verhielt sich dementsprechend. Ohne, dass ich auch nur ein Wort sagte, zeigte er mir sofort seinen Führerschein und seine Versicherungspapiere.

Der Kauf eines Polizeifahrzeuges für "Miami", hatte sich, in diesem Fall, bereits bezahlt gemacht.
Ich glaube es gibt kein besseres Auto, um in "Miami" sicher unterwegs zu sein.

Kapitel 35
Fazit

Zu dem Zeitpunkt, in dem ich dieses Buch schreibe, leben wir nach wie vor in "Miami", in unserem Apartment. Meine Frau arbeitet immer noch erfolgreich bei einer Bank und meine Töchter haben, in der Zwischenzeit, ein eigenes Unternehmen gegründet, mit dem sie erfolgreich ihren Lebensunterhalt bestreiten.

Ich selbst habe mich ein wenig, aus dem Job des Notars zurückgezogen und habe begonnen Bücher zu schreiben, mit denen ich, inzwischen einigen Erfolg nachweisen kann.

Trotz vielen, manchmal auch unangenehmen Erlebnissen haben wir es nie bereut, den Schritt nach Amerika unternommen zu haben. Zwar hatte unsere jüngste Tochter, am Anfang, sehr ihre Freunde aus Deutschland vermisst, doch inzwischen ist sie am amerikanischsten von uns allen. Dadurch, dass sie hier, in diesem Land, zur Schule gegangen ist, ist sie auch der Einzige von uns, der ohne ausländischen Akzent Englisch spricht und von einem, hier geborenen Amerikaner, nicht mehr zu unterscheiden ist.
Nach wie vor haben wir regen Kontakt in unsere "Alte Welt" und ehemaligen Heimat Deutschland, denn alle unsere Verwandten leben noch immer dort.
Da während der letzten Jahre die elektronische Entwicklung der Telekommunikation so weit vorangeschritten ist, dass ein Telefongespräch nicht mehr ein Vermögen kostet und man sich selbst, wie mit den Diensten "Skype", auch per "Bild-Telefon" unterhalten kann, ist die "alte Welt" wieder etwas näher gerückt.
Immer wieder kommen wir gerne, für ein oder zwei Wochen Urlaub in unsere alte Heimat zurück und genießen manch typische deutsche Spezialität, auf die wir, hier in Amerika, verzichten müssen.

Trotzdem, obwohl wir nach wie vor glauben, dass wir uns nur wenig verändert haben, müssen wir uns, in Deutschland, immer wieder den Satz gefallen lassen:

„Ihr seid ganz schön amerikanisch geworden".

Dem ist wohl auch so, denn viele dieser Geschichten, die ich Ihnen hier erzählt habe, sind für Sie teilweise kaum zu glauben und in Deutschland, so sicher nicht realisierbar. Für uns, hier in Amerika, sind sie zum Alltag geworden und das war auch der Grund, warum ich mich, gerade jetzt, dazu entschlossen hatte, dieses Buch zu schreiben, denn in zehn oder fünfzehn Jahren, ist dieses Land, mit all seinen Absurditäten, so in mein Blut übergegangen, dass ich manch eine Geschichte, wahrscheinlich gar nicht mehr als kurios empfinden würde. Schon beim Schreiben dieses Buches habe ich mich manchmal gefragt, ob nicht das eine oder andere, schon zu alltäglich ist, um darüber zu berichten.

An dieser Stelle möchte ich mich auch noch mal herzlich bei meiner Frau und meinem beiden Töchtern bedanken, dass sie diesen steinigen und manchmal schwierigen Weg mit mir gegangen sind. Am Anfang hatten wir oft Zweifel, ob unsere Entscheidung die Richtige war.
Es fiel uns nicht leicht, in einem fremden Land, mit fremder Sprache und andersartiger Kultur, sich zurechtzufinden. Erst im Laufe der Jahre haben wir gelernt, vieles als normal anzusehen und nicht immer zu überlegen, wie es denn in Deutschland sein würde, oder wie wir dort, in so einem Fall reagiert hätten.

Ich könnte sicherlich, an dieser Stelle, aus dem Stegreif, noch jede Menge kuriose Geschichten und Erlebnisse erzählen, die wir in den letzten fünfzehn Jahren, hier in den "Vereinigten Staaten von Amerika" erlebt haben.
Doch außer verrückten Geschichten wollte ich Ihnen, in diesem Buch, auch ein wenig davon erzählen, wie es einem Auswanderer ergangen ist, der sein Land verlassen hat.

Immer wieder haben wir die Gelegenheit, ab und zu mal, deutsche Fernsehserien anzuschauen. Manchmal sind wir entsetzt darüber, wenn es sich um Serien handelt, die das Auswandererthema behandeln, wie die Dinge dort falsch dargestellt werden. Entweder werden dort nur solche Leute dargestellt, die sich keinerlei Gedanken dabei gemacht haben, als sie auswanderten und in einem totalen Chaos enden, oder es wird so dargestellt, als ob das Auswandern ein Kinderspiel sei.
Gerade wenn es um Auswanderer geht, die nach Amerika gegangen sind, wird häufig, im deutschen Fernsehen, nur gezeigt, was sie dort arbeiten und wie leicht sie es haben.
Das Gegenteil ist jedoch der Fall. Meistens sieht man nicht, wie schwer es überhaupt ist, eine Arbeitsgenehmigung in diesem Land zu erhalten und letztendlich auch zu überleben.

Keiner spricht in diesen Serien davon, dass über 95 Prozent aller Auswanderer, nach drei oder fünf Jahren, spätestens wieder nach Deutschland zurückgekehrt sind, weil sie, in dem Land ihrer Träume gescheitert sind.

Dies war mit einer der Gründe, warum ich zu dem Entschluss gekommen bin, dieses Buch jetzt zu schreiben. Ich wollte einfach auch einmal zeigen, mit welchen Problemen und Schwierigkeiten man im Alltag zu kämpfen hat, wenn man in der heutigen Zeit, nach Amerika auswandern möchte.

Nach meiner eigenen Erfahrung, ist meine Bewunderung noch größer, für diese Menschen, die es gewagt hatten in den letzten zwei Jahrhunderten, in dieses großartige Land auswandern. Sie hatten weder die technischen Möglichkeiten, wie ich sie hatte, noch wussten sie überhaupt, worauf sie sich einließen und doch haben Hunderttausende diesen Schritt gewagt.

Obwohl ich selbst ein Auswanderer bin, verneige ich mich respektvoll vor dieser Leistung, denn ich glaube nicht, dass ich vor 150 Jahren den Mut gehabt hätte, dies zu tun, unter den damaligen Bedingungen.

Schlusswort

Ich bedanke mich an dieser Stelle, dass Sie mein Buch gekauft und hoffentlich auch, bis zum Schluss, gelesen haben.

Ich bin sicher, dass Sie sich dabei nicht gelangweilt haben, und hoffe nur, dass Sie das zu lesen bekamen, was Sie erwartet haben.
Bei dem Thema Auswanderung gibt es viele Möglichkeiten, diese darzustellen. Von einem geschichtlichen Hintergrund aus gesehen, bis hin zu einer Autobiografie, mit allen Gefühlen und dem täglichen Auf und Ab, oder aber, wie ich es hier getan habe, mit unglaublichen Geschichten und Erlebnissen, die uns widerfahren sind.
Ich hoffe jedenfalls, dass Sie von meinem Buch gut unterhalten wurden und vielleicht auch, das eine oder andere, über Amerika erfahren, haben, was Sie noch nicht wussten.

In erster Line möchte ich mich, an dieser Stelle, bei meiner Frau bedanken, welche mir dabei geholfen hat, sich an verschiedene Dinge aus den letzten dreißig Jahren zu erinnern, an welche ich, beim Schreiben dieses Buches, schon nicht mehr gedacht hatte. Manche Details einer Geschichte kamen erst dadurch wieder zurück in mein Gedächtnis. Sie ist auch, bekanntermaßen, mein stärkster Kritiker, wenn es um meine Bücher geht. Die eine oder andere Passage musste deshalb schon gestrichen werden, nachdem sie mir sagte:
„Das kannst du unmöglich, auf diese Art und Weise, schreiben!"

Weitere Anregungen erhielt ich natürlich auch durch die Erlebnisse unserer Töchter, von denen ich einige, hier im Buch, beschrieben habe. Ich möchte mich vor allen Dingen dafür bedanken, dass sie es mir nicht für übel genommen haben, dass ich sie, mehr oder weniger, dazu "gezwungen" habe, in diesem Land zu leben und ihre "heile Welt" in Deutschland zu verlassen.

Ein weiterer Dank geht an meine Eltern, deren Reiselust mich inspiriert hat, neue Länder kennenzulernen und die mich immer, bei meinen Entschlüssen unterstützt haben. Immerhin habe ich ihnen, ebenso wie meiner Schwiegermutter, durch meine Entscheidung auszuwandern, die Gelegenheit genommen, mit ihren Kindern, Enkeln und Urenkeln ihren Lebensabend zusammen zu gestalten. Nur über die Ferne und ab und zu, bei einem Urlaub, haben wir die Gelegenheit, uns als

Familie zu sehen und auszutauschen. Ich weiß jedoch, dass sie immer für unsere Entscheidung Verständnis hatten und uns nie das Gefühl gaben, uns deswegen, ihnen gegenüber, in irgendeiner Weise schuldig zu fühlen. Das hat uns sehr dabei geholfen, uns in unserer neuen Heimat, zu Hause zu fühlen und nicht ständig das Gefühl zu haben, vielleicht etwas Falsches getan zu haben. Was wir hier vermissen, ist etwas mehr Zeit, die wir gerne mit ihnen verbringen würden.

Zum Abschluss möchte ich auch noch meinem Großvater danken, der mich eigentlich auf diese verrückte Idee gebracht hat, es aber leider nicht mehr erleben konnte, dass ich diese auch umgesetzt habe. Vielleicht war er ja, in irgendeiner Weise dafür verantwortlich, dass ich genau an die Stelle zurückgekehrt bin, wo seine Träume begannen.

Jack Young
Miami, Florida, den 23. Dezember 2013

20270278R00109

Printed in Poland
by Amazon Fulfillment
Poland Sp. z o.o., Wrocław